北大版专业通用汉语教材

汉语新天地

New Horizon College Chinese

2 大学汉语教程

胡建军 柯 玲 主编　王际平 生 华 编著

北京大学出版社
PEKING UNIVERSITY PRESS

图书在版编目（CIP）数据

汉语新天地：大学汉语教程.2/ 胡建军，柯玲主编；王际平，生华编著.—北京：北京大学出版社，2012.11
（北大版专业通用汉语教材）
ISBN 978-7-301-21297-4

Ⅰ．①大…　Ⅱ．①胡…　②柯…　③王…　④生…　Ⅲ．①汉语—对外汉语教家—教材　Ⅳ．① H195.4

中国版本图书馆 CIP 数据核字（2012）第 227470 号

书　　　　名：	汉语新天地——大学汉语教程·2
著作责任者：	胡建军　柯　玲　主编　王际平　生　华　编著
责 任 编 辑：	沈萌萌
标 准 书 号：	ISBN 978-7-301-21297-4/H·3144
出 版 发 行：	北京大学出版社
地　　　　址：	北京市海淀区成府路 205 号　100871
网　　　　址：	http://www.pup.cn
电　　　　话：	邮购部 62752015　发行部 62750672　编辑部 62752028　出版部 62754962
电 子 邮 箱：	zpup@pup.pku.edu.cn
印　刷　者：	北京大学印刷厂
经　销　者：	新华书店
	889 毫米×1194 毫米　大 16 开本　15 印张　334 千字
	2012 年 11 月第 1 版　2012 年 11 月第 1 次印刷
定　　　价：	58.00 元（附 MP3 盘 1 张）

未经许可，不得以任何方式复制或抄袭本书之部分或全部内容。
版权所有，侵权必究　举报电话：010-62752024
　　　　　　　　　　　电子邮箱：fd@pup.pku.edu.cn

编写说明

《汉语新天地——大学汉语教程》系列教材获上海市教育委员会科研项目资助（B11019），由东华大学和上海交通大学联合编写，适用对象为大学非汉语言专业的来华留学生，也可供已经学完现代汉语基本语法并掌握新 HSK 三级词汇的其他汉语学习者使用。全套教材共 4 册，每册 15 课，共 60 课。每课含主、副课文各 1 篇，使用者可根据各学校的课程设置和课时安排在每周 4～6 课时之间灵活调整。

本套教材每课包括课文、词语表（分为基础词语、拓展词语、专有名词）、注释、语言要点、练习、副课文几大部分。

● 主课文与副课文

课文以生动有趣及与某一专业相关为选编原则，以词汇、语言要点为纲。一、二册课文以作者原创为主，三、四册课文以选篇为主，并经过精心修改，使体例统一，内容适切。副课文与主课文领域相同，内容呼应，难易互补，注重专业色彩，适量引进专业词汇。

● 基础词语与拓展词语

词语部分包括基础词语和拓展词语，确保通过 1～2 年的学习，学生能达到新 HSK 五级及以上水平。生词部分充分照顾新 HSK 词汇大纲的覆盖率，每册每课定量控制。"拓展词语"多为与某一专业相关的词语以及部分超纲词，教师可根据学生的专业兴趣和需要灵活处理。

● 语言要点

语言要点主要随文解释重要词语和句式，并对重点词语进行辨析。从教学要求和学习者的难点出发，兼顾语法体系和语言知识的科学性与系统性，注重针对性和实用性。解释力求简洁明了，例句力求准确对应。

● 练习题型与训练目标

练习包括词语练习、句式练习、理解或表达性练习，全面训练听说读写等多种汉语能力。练习编排力求知识性、交际性、启发性与趣味性并重。一、二册题型依次为：选词填空、连线、模仿造句、完成句子、改错、排序、判断正误、复述、表达（写或说）；三、四册题型依次为：选词填空、完成句子、判断正误、排序、复述（写或说）、阅读理解或缩写。需要注意的是，每课练习中均设有与本课话题相关的专业词语或专业知识的内容。

本系列教材具有以下特点：

1. 针对性强。这是一套首次尝试针对非汉语言专业来华留学生编写的通用汉语教材。

I

2. **涉及面广**。我们一改一般汉语教材只关注日常生活或专业学习的做法，内容除了与留学生活有关外，还涉及经济、管理、建筑、材料、传媒、设计、环境、医学、生物生化、农科、法律等专业领域。

3. **实用性强**。在学习汉语的同时可掌握一些常用专业词语，有助于学生更好地学习专业课程并通过新 HSK 考试。全套教材几乎覆盖了新 HSK 全部四级词语、80% 以上的五级词语和近 50% 的六级词语。

4. **实践性强**。本教材注重操练，根据专业特点设计相关语言练习，将生活与学习、课内与课外、知识与应用、基础词语与专业词语有机结合起来。

本系列教材与一般的通用汉语教材相比，多了一些"专业"色彩；而与现行的"专业汉语"相比，则显得"通用"而亲切有趣。

在本套教材编写和出版的过程中，我们得到了东华大学国际文化交流学院、上海交通大学国际教育学院领导及同行们的大力支持和热情帮助。东华大学全面试用两轮，上海交通大学择篇试用，两校留学生提供了宝贵意见，并"友情出演"，为教材配图。北京大学出版社的编辑们更是一丝不苟，精益求精。在此，我们一并致以衷心的感谢！

本套教材的部分课文选自书报杂志，根据教学需要，对原文有所修改。关于选文的版权，我们已征得了绝大多数原作者的同意，个别文章由于诸多原因，无法与原作者取得联系，在此深表歉意和感谢！也希望见到本书的作者及时与我们联系。

《汉语新天地——大学汉语教程》编写组

目录

页码	课文	语言要点	副课文
1	1 幽默的作用	1. 当 2. 陆续 3. 只听 4. 一下子 5. 接着 6. 连 7. 对……不利 8. 越……越……	沃尔玛的薄利多销
14	2 玻璃瓶照片墙	1. 动词+起 2. 尽量 3. 则 4. 性 5. 化 6. 白白 7. 使	低碳生活
26	3 玩具安全	1. 只顾 2. 不得 3. 渐渐 4. 导致 5. 有把握 6. 有益于	小女孩儿的建议
39	4 石库门——老上海的名片	1. 反复 重复 2. 总体上 3. 来源于 4. 据 5. 达 6. 占 7. 难怪 8. 数	桥的变迁
52	5 花博士谈"花"茶	1. 一+动词/形容词 2. 量词重叠 3. 显得 4. 动词+开（来） 5. 拿……来说 6. 动词+下去 7. 微	值得关注的数字

I

65	6 她改变了一个国家的态度	1. 显然 2. 接二连三 3. 于（1） 4. 凡是 5. 忍不住 6. 所+动词 7. 动词+起来	"限塑令"改变市民生活习惯
78	7 农活儿中的智慧	1. 可 2. 一来……，二来…… 3. 大有 4. 纷纷 5. 搞 6. 满足 满意	干农活儿要动脑筋
91	8 什么是创造	1. 为此 2. 这一来 3. 动词+成 4. 不但（不/没）……，反而…… 5. 善于 6. 据说 7. 由于	趣谈凡士林
104	9 汽车仪表盘的过去、现在与未来	1. 当……时 2. 便于 3. 别看 4. 远远 5. 随时 6. 相关 有关	詹天佑与中国铁路
118	10 投资还是投机	1. 一面……，一面…… 2. 严肃 严格 3. 凭 4. 几乎 差点儿 5. 亲身 亲自 6. 在……基础上 7. 为了……而……	货币的几种流通方式

133	11 何丽娜谈管理经验	1. 某 2. 倒 3. 轻视　忽视 4. 哪怕……，也…… 5. 正是 6. 有意 7. 之所以……，是因为……	公平管理带来"家"的感觉
147	12 手机媒体的魅力	1. 以（1） 2. 强烈　激烈 3. 于（2） 4. 分别 5. 该　本 6. 对于/对……而言	"百搭"手机充电器
161	13 "凉茶"的新定位	1. 群 2. ……以来 3. 未必　不必 4. 实际上 5. 正如……所+动词 6. 由此可见	瓶盖上有几个齿
174	14 社交网好在哪里	1. 不得不 2. 以（2） 3. 率 4. 特色　特点 5. 时刻 6. 之+形容词	乔布斯与苹果
188	15 道歉的学问	1. 丝毫 2. 方 3. 与其……，不如…… 4. 左一个……，右一个…… 5. ……来……去 6. 值得 7. 之类	学校是否有责任
201	练习参考答案		
213	词语总表		
229	专有名词		

1 幽默的作用

课文

大卫毕业前必须要完成一个课外实习项目，他选择在一家生产玻璃酒杯的公司当推销员。有一次，老板让他在一个玻璃日用品展销会上当本公司产品的解说员，现场说明，现场推销。大卫很高兴地接受了这个任务。那天一大早，大卫穿戴整齐，来到展览大厅，找到了他们公司的柜台。

展销会开始了，顾客们陆陆续续走进大厅。走过大卫的柜台时，人们看到一位黄头发蓝眼睛的小伙子在用普通话介绍玻璃酒杯，都觉得很有意思。大家好奇地走过来，人越来越多。这时大卫觉得现场表演的好机会来了。只见他面带微笑，拿起一个漂亮的酒杯，用流利的中文说起了酒杯的材料、做法、质量等方面的优点。说完，他突然把酒杯高高举起，用力向地上摔去。只听"砰"的一声，酒杯被摔碎了。观众们吃惊地看着大卫，大卫也一下子呆住了，他怎么也没想到那是个质量不合格的杯子。

沉默了两秒钟后，只见大卫一点儿也不慌张，微笑着对大家说："你们看，像这样的杯子，我坚决不卖给你们。"观众们听后一下子笑了起来，接着，大卫又举起了一个酒杯摔到地上。"哇！"大家惊叫起来，但那个酒杯完好无损。大卫又连摔了几个酒杯，还让观众轮流摔，都成功了。大卫得到了大家的信任，很快，他的酒杯就卖出了几十套，还收到了很多公司现场签字的订单。

后来，大卫的老板知道了这件事，

把摔酒杯的故事写进了公司《经营经验谈》一书里,并在新推销员进公司后讲给他们听。书里这样写到:"如果在众人面前公开推销产品,突然发生了意外的情况,而且这个情况对推销很不利,这时推销员也会发傻,这很正常。但'傻'的时间不能太长,因为沉默或者慌张的时间越长,顾客就越不相信你,而那时你最需要的是冷静和灵活应变。比如像大卫那样先说几句幽默的话,大大方方、坦率承认有的产品还存在问题,接着用事实证明大多数产品是合格的,是跟广告宣传一致的。这就可以巧妙地把不利条件变成有利条件。"

大卫一毕业,就被这家公司聘为销售部经理。现在,大卫办公室的墙上写着这样六个汉字:诚实、进步、幽默,意思是做销售工作的人应该诚实,追求进步,还要有点儿幽默感。

词语表

基础词语

1	实习	shíxí	【动】	to practise	5
2	项目	xiàngmù	【名】	project	5
3	生产	shēngchǎn	【动】	to produce, to manufacture	5
4	当	dāng	【动】	to act as, to work as	4
5	推销	tuīxiāo	【动】	to promote sales	6
6	老板	lǎobǎn	【名】	boss, employer	5
7	本	běn	【代】	this, current, one's own	5
8	产品	chǎnpǐn	【名】	product	5
9	解说员	jiěshuōyuán	【名】	commentator, rarrator	5
10	现场	xiànchǎng	【名】	on-site	6
11	展览	zhǎnlǎn	【动】	to exhibit	5
12	柜台	guìtái	【名】	counter	5
13	陆续	lùxù	【副】	in succession	5
14	小伙子	xiǎohuǒzi	【名】	young fellow	5
15	砰	pēng	【象声词】	to bang	5

16	一下子	yíxiàzi	【副】	suddenly	
17	呆	dāi	【形】	to be in a daze, blankly	5
18	沉默	chénmò	【形/动】	silent, wordless	5
19	秒	miǎo	【量】	second	5
20	慌张	huāngzhāng	【形】	flurried	5
21	坚决	jiānjué	【形】	resolute, firm	5
22	接着	jiēzhe	【连/动】	then; to follow, to carry on	5
23	哇	wa	【叹】	wow	6
24	轮流	lúnliú	【动】	to take turns, to do sth. in turn	5
25	签字	qiān zì		to sign	5
26	经营	jīngyíng	【动】	to manage, to operate	5
27	公开	gōngkāi	【形/动】	open; to make public	5
28	意外	yìwài	【形/名】	unexpected; accident	5
29	傻	shǎ	【形】	foolish, stupid	5
30	灵活	línghuó	【形】	flexible, elastic	5
31	大方	dàfang	【形】	natural and poised	5
32	坦率	tǎnshuài	【形】	frank	5
33	承认	chéngrèn	【动】	to admit	5
34	存在	cúnzài	【动/名】	to exist; existence	5
35	宣传	xuānchuán	【动】	to advert, to conduct propaganda	5
36	巧妙	qiǎomiào	【形】	ingenious, clever	5
37	销售	xiāoshòu	【动】	to sell	5
38	部	bù	【名】	department	

拓展词语

1	推销员	tuīxiāoyuán	【名】	salesman
2	展销会	zhǎnxiāohuì	【名】	exhibition
3	订单	dìngdān	【名】	order form

语言点

1 当

动词，担任某工作或职务。例如：

① 大卫毕业前必须要完成一个课外实习项目，他选择在一家生产玻璃酒杯的公司当推销员。
② 张红马上就要大学毕业了，她想当一名德语翻译。
③ 老王年轻的时候当过空军飞行员。
④ 丽丽上小学的时候当了三年班长。

2 陆续

（1）副词，表示动作、情况一个接一个，有时中断，有时连续。例如：

① 春天到了，各种花儿陆续开放。
② 考试结束的时间快到了，学生们陆续交了试卷。
③ 今年刘教授陆续发表了四篇重要论文。
④ 李军陆续收到了三所美国大学的录取通知书。

（2）"陆续"的重叠式为"陆陆续续"，用于强调动作的时断时续，有描写场景的效果。例如：

① 展销会开始了，顾客们陆陆续续走进大厅。
② 卖了一整天，这批蔬菜终于陆陆续续卖完了。
③ 一点半公司有重要会议，员工们陆陆续续来到了会议室。
④ 今天这家饭馆儿的生意不太好，陆陆续续只来过十几位客人。

3 只听

用来引出听到的声音，提示听话人将出现某种声音。也可以说"只听见"、"只听到"、"只听得"。例如：

① 只听"砰"的一声，酒杯被摔碎了。
② 只听见"哇"的一声，孩子大哭起来。
③ 火车就要开过来了，只听到李军大喊一声："危险！"
④ 一百米赛跑开始了，只听得见操场上一片"加油！加油！"的喊声。

4 一下子

副词，表示在非常短的时间里出现某种情况或做某一动作。例如：

① 观众们吃惊地看着大卫，大卫也一下子呆住了。

② 喝了一口热咖啡，我感到身上一下子暖暖的。
③ 冷空气来了，气温一下子从20度下降到了10度。
④ 我骑自行车的时候，不小心一下子摔倒了。

❺ 接着

（1）连词，表示一件事情发生后，马上发生另一件事情。例如：

① 观众们听后一下子笑了起来，接着，大卫又举起了一个酒杯摔到地上。
② 安娜读了第一段课文，接着，玛丽读了第二段。
③ 昨天回家后，我先洗了衣服，接着又做晚饭，累极了！
④ 他先把西红柿切成块儿，然后准备好两个鸡蛋，接着开始点火炒菜。

（2）动词，表示继续做前面的事。例如：

① 休息了二十分钟后，他们又接着讨论起来。
② 你们想知道这个秘密是什么吗？请大家接着往下看。
③ 他喝了一口茶，停了停，又接着说。
④ 布袋子多环保啊！洗干净了还可以接着用。

❻ 连

副词，表示同一个动作不停地发生或同样的情况不止一次地出现。后面一般跟单音节动词或形容词。例如：

① 大卫又连摔了几个酒杯，还让观众轮流摔，都成功了。
② 我连排了两个小时队，才买到了火车票。
③ 他连抽了五支烟，才冷静下来。
④ 这个地区已经连旱了三年，农民的损失非常大。

❼ 对……不利

（1）表示对某一对象没有好处或没有帮助。利：利益、好处。也可以说"不利于……"。例如：

① 如果在众人面前公开推销产品，突然发生了意外的情况，而且这个情况对推销很不利，这时推销员也会发傻，这很正常。
② 雨天对足球比赛很不利。
③ 抽烟不利于健康。
④ 棉花的价格上涨以后，服装的生产成本会增加，这种情况对我们公司不利。

（2）"对……不利"的否定表达是"对……有利"，也可以说"有利于……"。例如：

① 今年的雨水足，对粮食生产很有利。

② 这样做，对大家都有利。
③ 多吃蔬菜、水果有利于身体健康。
④ 多和中国人交流，有利于了解中国文化。

❽ 越……越……

（1）表示程度随着条件的变化而变化。

用于复句。例如：

① 因为沉默或者慌张的时间越长，顾客就越不相信你。
② 孩子越聪明，父母越高兴。
③ 一般来说，理解力越强，成绩也越好。
④ 麻婆豆腐越辣，我越爱吃。

（2）用于单句。例如：

① 商品不一定越贵越好。
② 他心里非常着急，越走越快。
③ 比赛输了以后，我越想越难过。
④ 这部电视剧真好看，我越看越有兴趣。

练习

 选词填空

项目　推销　轮流　坚决　意外　承认　经营　订单

1. 母亲病了，兄妹三人（　　　）照顾。
2. 杰克的父亲（　　　）着一家服装公司，去年在上海开了分公司。
3. 这样做是不对的，我（　　　）反对。
4. 有时我的手机上会出现一些（　　　）房产的广告。
5. 李经理辞职了，这个消息让大家很（　　　）。
6. 他（　　　）发生这次事故是他的责任。
7. 圣诞节前，这家玩具厂收到大量（　　　）。
8. 这家银行向顾客提供多种服务（　　　）。

二 连线

质量　　　错误
灵活　　　产品
现场　　　处理
承认　　　表演
展览　　　实习
课外　　　大厅
宣传　　　回答
巧妙　　　合格

三 模仿造句

1. 老板让他在一个玻璃日用品展销会上<u>当</u>本公司产品的解说员。

   我父母 / 希望 / 我毕业后 / 一名中学教师
   小美的理想 / 是……
   在公司工作三年后 / 刘强……

2. 展销会开始了，顾客们<u>陆陆续续</u>走进大厅。

   下班时间到了 / 员工们 / 离开了公司
   毕业十年 / 同学们……
   下课了 /……

3. 观众们吃惊地看着大卫，大卫也<u>一下子</u>呆住了。

   很久没见面 / 我 / 想不起她的名字
   风很大 / 我的帽子……
   山姆中了 1000 万元的大奖 /……

4. 观众们听后一下子笑了起来，<u>接着</u>，大卫又举起了一个酒杯摔到地上。

   生日晚会上 / 玛丽先唱了一首歌 / 大卫弹了一支吉他曲
   晚上有客人要来 / 她先打扫了卫生间 /……
   今天早上起床以后 / 我 /……

5. 大卫又连摔了几个酒杯，还让观众轮流摔，都成功了。

> 我 / 问了四个人 / 终于找到了安娜的宿舍楼
> 五一节 / ……放了五天的假
> 麦克 / 最近很喜欢打电子游戏 / 昨天晚上……

6. 这个情况对推销很不利。

> 长时间 / 干旱的天气 / 农业生产
> 姚明腿上的伤 / 比赛……
> 躺着看书 / ……

7. 因为沉默或者慌张的时间越长，顾客就越不相信你。

> 住在上海的时间 / 长 / 你会 / 习惯这个城市
> 一般来说 / 房子的位置 / 价格……
> 学外语的时候 / 练习……

8. 大卫一毕业就被这家公司聘为销售部经理。

> 大学毕业后 / 安娜 / 一所中学 / 高中英语教师
> 留学回国后 / 他 / 一家大公司 / ……
> 研究生毕业后 / ……

四 完成句子

1. _____，孩子把我的花瓶打碎了。（只听）
2. 快开学了，_____。（陆续）
3. 昨天晚上，我先写完了作业，_____。（接着）
4. 最近他心情很不好，_____。（连）
5. 听了他的话，_____。（一下子）
6. 别再抽烟了，_____。（对……不利）
7. 你得学习一门外语，_____。（对……有利）
8. A：外面雨小点儿了吗？
   B：_____。（越……越……）

五 改错

1. 电影快开始了，观众们连续走进电影院。

2. 小王想大学毕业后作为一名中学老师。

3. 老师讲的笑话太有趣了，一下子同学们都笑了起来。

4. 他越讲，越我不懂。

5. 连下雨了五天，我晒出去的衣服还没干。

6. 这样做消费者不利。

7. 既小李参加了游泳比赛，又参加了短跑比赛。

8. 李军把这个公司聘为人事部经理。

六 排序

1. A 大卫接受了这个任务
   B 一大早，大卫来到他们公司的展销柜台
   C 一次，老板让他在展销会上当本公司产品的解说员

2. A 于是，大家都好奇地走过来
   B 展销会开始了，顾客们陆陆续续走进大厅
   C 人们看到一位外国小伙子在用中文介绍酒杯，觉得很有趣

3. A 酒杯摔碎了，但大卫一点儿也不慌张，说："像这样的杯子，我坚决不卖给你们。"
   B 大卫把酒杯高高举起，用力向地上摔去
   C 观众听后笑了起来

4. A 大卫得到了大家的信任
   B 摔到地上的那个酒杯完好无损，大家惊叫了起来
   C 大卫又连摔了几个酒杯，都成功了

5. A 后来，大卫的老板知道了这件事
   B 他把大卫推销酒杯的故事写进了公司的《经营经验谈》
   C 大卫一毕业，就被这家公司聘为销售部经理

七 根据课文内容判断正误，对的打√，错的打 ×

1. 大卫毕业后在一家玻璃酒杯公司当推销员。
2. 有一次，大卫在商场为公司推销玻璃酒杯。
3. 展销会上，大卫在讲解酒杯的材料、做法、质量等方面的优点。
4. 大卫在展销会上不小心打碎了一个酒杯。
5. 酒杯摔碎后，大卫马上向观众表示道歉。
6. 大卫连摔了几个酒杯，都碎了。
7. 展销会上，大卫的推销失败了。
8. 大卫的老板认为推销产品时需要冷静和灵活应变。

八 复述

请以旁观者的身份用下列词语讲一讲留学生大卫在展销会上推销玻璃酒杯的故事。

好奇　现场　微笑　材料　质量　优点　一下子　摔　碎
沉默　坚决　完好无损　信任　订单

九 表达

比比谁是班里的"最佳推销员"。

首先，全班同学分成几个小组，在每个小组内进行推销大赛。先请小组内一位同学当推销员，其他同学当顾客，这位推销员向顾客们推销一种商品（种类不限），时间2分钟。

然后，换下一位同学扮演推销员进行新的推销，以此类推，每位同学都进行过推销之后，本组同学选出一位"最佳推销员"。

最后，各组的最佳推销员作为小组代表，参加全班"最佳推销员"比赛，小组代表分别向全班同学推销一种商品，师生共同选出比赛的优胜者。

副课文

沃尔玛的薄利多销

薄利多销，是一种营销手段，获得的利润少而商品卖得多。著名超市沃尔玛有一个简单而深刻的理论叫做"女裤理论"。我们用这个理论算一笔账：女裤的进价8美元，售价12美元，每条毛利4美元。一天卖10条，毛利为40美元。如果售价降到10美元，每条毛利2美元，但一天能卖30条，毛利为60美元。所以，很多超市的广告都是这样写的："天天低价，薄利多销"。

可是"买"进来的商品很贵，"卖"出去却很便宜的话，那不是吃亏了吗？谁愿意做亏本生意呢？如果说经营过程好像一条龙，那么要做到"天天低价，薄利多销"，就得从"龙头"开始，一直做到"龙尾"。

沃尔玛用大量进货、帮助供应商进入世界市场、不用支票而用现金结算这三个有利条件，要求供应商给出最低的报价。进货规模巨大，资金实力强大，使沃尔玛在谈判桌上总是能获得优惠。由于进价便宜，薄利多销就有了基本保证。

在价格便宜的同时，沃尔玛非常重视服务质量，他们乐于为广大顾客提供超值服务。比如：沃尔玛要求它的员工向每一位顾客提供"惊喜"服务，这种"惊喜"必须超过顾客原来的期望值。另外，沃尔玛的经营形式有折扣商店、购物广场、会员店、社区店等，分别适应不同层次的消费者。此外，沃尔玛每家商店的普通员工，只要看到其他地方的商品更便宜，都有权利给沃尔玛的商品降价。这就使沃尔玛在消费者心中有了真正的"薄利"信用，因此沃尔玛的商品也就越来越"多销"了。

大学汉语教程

词语表

基础词语

1	薄	bó	【形】	thin	5
2	利润	lìrùn	【名】	profit	5
3	深刻	shēnkè	【形】	profound, deep	5
4	笔	bǐ	【量】	for sums of money	5
5	吃亏	chī kuī		to suffer losses	5
6	龙	lóng	【名】	dragon	5
7	尾	wěi	【名】	tail	
8	支票	zhīpiào	【名】	check, cheque	5
9	规模	guīmó	【名】	scale	5
10	巨大	jùdà	【形】	huge	5
11	资金	zījīn	【名】	fund, capital	5
12	实力	shílì	【名】	actual strength	6
13	强大	qiángdà	【形】	powerful	
14	谈判	tánpàn	【动】	to negotiate	5
15	广大	guǎngdà	【形】	extensive	5
16	惊喜	jīngxǐ	【形】	pleasantly surprised	
17	期望	qīwàng	【动】	to expect, to hope	6
18	形式	xíngshì	【名】	form	5
19	广场	guǎngchǎng	【名】	plaza, square	5
20	分别	fēnbié	【副】	respectively, separately	5
21	层次	céngcì	【名】	grade, level	6
22	权利	quánlì	【名】	right	5

拓展词语

| 1 | 算账 | suàn zhàng | | to do accounts, to make out bills | |
| 2 | 进价 | jìnjià | 【名】 | buying price | |

12

3	售价	shòujià	【名】	selling price
4	毛利	máolì	【名】	gross profit
5	亏本	kuī běn	【名】	to lose money in business
6	供应商	gōngyìngshāng	【名】	supplier
7	报价	bào jià		to quote, to offer; quoted price
8	超值	chāo zhí		ultra value
9	折扣	zhékòu	【名】	discount
10	会员店	huìyuándiàn	【名】	membership store

专有名词

| 沃尔玛 | Wò'ěrmǎ | Walmart |

思考题

1. "女裤理论"可以说明什么问题？
2. 沃尔玛是怎样实现薄利多销的？
3. 沃尔玛进货时为什么能获得便宜的价格？
4. 沃尔玛是怎样保证服务质量的？
5. 沃尔玛的经营方式是单一的吗？
6. 你在沃尔玛买过东西吗？谈谈你的印象。

2 玻璃瓶照片墙

课文

　　大卫的女朋友是中国人，大家叫她小张。说起当年大卫追求小张的故事，还跟环保志愿者有关系呢。

　　几年前，大卫跟小张住在同一栋公寓里，大卫的房间在8楼A室，小张的在8楼B室，他俩是邻居。有一个星期天，大卫在家整理东西。他把空玻璃瓶放进废纸箱里，打算扔到楼下的垃圾桶里去。他抱着纸箱出门时，正好遇到小张回家，他俩礼貌地打了个招呼。小张发现了大卫的空瓶子，就问他用空瓶子做什么，大卫说正准备扔掉呢。小张听后立即说："那给我吧！"大卫当然愿意，不过有点儿好奇，空玻璃瓶有什么用呢？大卫正想问个究竟，小张主动邀请大卫到她家去看一看。

　　一进门，只见对面墙边的柜子上放着一排玻璃瓶，瓶子里贴着五颜六色的照片。大卫浏览了一下，有名胜古迹的风景照，也有明星人物照，有中国的，也有外国的，还有各种可爱的动物照，看起来就好像是一面"玻璃瓶照片墙"，这个艺术创造让大卫感到非常惊讶。小张笑着解释："这些玻璃瓶是装糖果点心或者饮料的，以前习惯吃完喝完就扔了，现在我把玻璃瓶洗干净，把我拍的照片和其他漂亮的图片按照瓶子的大小剪好，然后粘贴进去，这样，就做成了玻璃瓶照片啦！做这个很简单，但既能减少废玻璃，又可以利用废物做成手工艺术品。我是学美术的，正打算用这些瓶子参加学校的环保艺术品展览会呢。"听到这里，大卫的惊讶已经变成了深深的佩服，他佩服这个中国姑娘用智慧和灵巧的双手变废为宝。

就从这个"玻璃瓶照片墙"开始,大卫和小张经常一起聊天儿、吃饭。大卫得知她还是个环保志愿者,受小张的影响,大卫也加入了志愿者的队伍。每次出门或回家,他俩都爬楼梯,尽量不坐电梯;上街则一起骑自行车,尽量不坐汽车。这样既锻炼了身体,又节约了电和汽油。夏天尽量开窗通风,或者用扇子,少开空调,减少二氧化碳的排放量。在外面吃饭,他们也坚决不用一次性筷子、叉子。他俩还向公寓管理处提出合理化建议,比如在公寓的公共通道里安装用声音控制的照明灯,避免无人行走时灯也开着,白白浪费电。

共同的环保观念使大卫和小张越走越近,他们的爱情从环保开始,又随着各种环保活动不断加深。朋友们开玩笑说他们是一对环保恋人,他们非常认真地说:"对,我们是一对国际环保志愿者恋人。"

词语表

基础词语

1	公寓	gōngyù	【名】	flat, apartment	5
2	废	fèi	【形】	useless, invalid	
3	打招呼	dǎ zhāohu		to greet to sb.	5
4	柜子	guìzi	【名】	cupboard, cabinet	
5	排	pái	【量】	row	
6	五颜六色	wǔyán-liùsè		colorful	
7	浏览	liúlǎn	【动】	to browse	5
8	名胜古迹	míngshèng gǔjì		places of historic interest and scenic beauty	5
9	人物	rénwù	【名】	character	5
10	面	miàn	【量】	side	
11	创造	chuàngzào	【动】	to create	5
12	惊讶	jīngyà	【形】	surprised	6
13	糖果	tángguǒ	【名】	candy	
14	剪	jiǎn	【动】	to cut (with scissors)	
15	粘贴	zhāntiē	【动】	to stick	5

16	手工	shǒugōng	【名】	handcraft	5
17	美术	měishù	【名】	painting, the fine arts	5
18	佩服	pèifu	【动】	to admire	5
19	智慧	zhìhuì	【名】	wisdom	5
20	灵巧	língqiǎo	【形】	skilful	
21	尽量	jǐnliàng	【副】	as far as possible	5
22	则	zé	【连】	however	5
23	队伍	duìwu	【名】	team, troop	6
24	汽油	qìyóu	【名】	gasolene	5
25	扇子	shànzi	【名】	fan	5
26	叉子	chāzi	【名】	fork	5
27	通道	tōngdào	【名】	passage way	
28	避免	bìmiǎn	【动】	to avoid	5
29	白白	báibái	【副】	in vain	

拓展词语

1	废物	fèiwù	【名】	waste material	
2	二氧化碳	èryǎnghuàtàn	【名】	CO_2	6
3	排放	páifàng	【动】	to discharge	6
4	合理化	hélǐhuà	【动】	to rationalize	
5	照明	zhàomíng	【动】	to enlighter	

语言点

❶ 动词 + 起

表示动作涉及（某人或某事物）。常见表达有"提起、讲起、谈起、聊起、想起"等等。例如：

① 说起当年大卫追求小张的故事，还跟环保志愿者有关系呢。
② 提起大学时代的生活，老同学们都很感慨。
③ 只要谈起小说《红楼梦》，她就很有兴趣。
④ 我们昨天还聊起你呢，没想到今天你就来了。

❷ 尽量

副词，表示力求在一个范围内达到最大限度。例如：

① 每次出门或回家，他俩都爬楼梯，尽量不坐电梯。
② 你的病还没完全好，要尽量多休息，少活动。
③ 师傅，我要去机场接人，请尽量开快一点儿。
④ 虽然工作很忙，但他还是尽量抽时间在家陪陪妻子和孩子。

❸ 则

连词，表示前后情况不同，用在后一分句中。用于书面语。例如：

① 每次出门或回家，他俩都爬楼梯，尽量不坐电梯；上街则一起骑自行车，尽量不坐汽车。
② 小张和她丈夫的饮食习惯不一样，小张口味清淡，她丈夫则喜欢吃辣的菜。
③ 这对兄弟的学习兴趣不同，哥哥喜欢物理和数学，弟弟则喜欢文学和历史。
④ 这个暑假同学们各有各的计划，大卫打算去南方旅游，山本则准备去打工。

❹ 性

后缀，加在动词、形容词、名词后构成名词，表示具有某种特性。例如：

① 在外面吃饭，他们也坚决不用一次性筷子、叉子。
② 这个公司的做法很有创造性。
③ 这种汽车座椅的安全性、多功能性和舒适性都不错。
④ 这本书充满了趣味性，很受孩子们的欢迎。

❺ 化

后缀，加在名词或形容词后面构成动词，表示转变为某种性质或状态。例如：

① 他俩还向公寓管理处提出合理化建议。
② 随着城市的现代化，北京传统的小胡同和四合院越来越少了。
③ 现在很多公司的日常管理工作已经基本实现了电子化。
④ 李明在美国留学几年后，他的饮食习惯也西方化了。

❻ 白白

副词，表示做某事之后，没有产生效果、作用、价值或没有得到期望的收获。例如：

① 比如在公寓的公共通道里安装用声音控制的照明灯，避免无人行走时灯也开着，白白浪费电。
② 玛丽没有来，我白白等了她一个小时。

③ 经理说计划改变了,我白白做了那么多准备。
④ 女儿不喜欢这个礼物,我白白花了一百多块。

7 使

动词,表示引起某种结果。句式一般为:主语+使+某人/物+动词/形容词。"使"口语中可以换用"让"、"叫"。例如:

① 共同的环保观念使大卫和小张越走越近。
② 孩子打碎了一个漂亮的花瓶,这使妈妈很生气。
③ 北京的旅行让山本对中国文化产生了浓厚的兴趣。
④ 那张照片叫我想起了很多小时候的事情。

练习

 选词填空

打招呼　惊讶　名胜古迹　佩服　创造　灵巧　手工　智慧

1. 大卫很想去北京旅游,去游览中国的(　　　)。
2. 每次旅行,罗兰都会购买一些当地的(　　　)艺术品。
3. 琳达同学获得了全国汉语大赛的三等奖,同学们都很(　　　)她。
4. 中国古代劳动人民用自己的(　　　)和汗水建造起了伟大的长城。
5. 大科学家爱迪生一生有很多发明和(　　　),比如电灯泡就是其中之一。
6. 一只小猴子正在吃香蕉,它的动作非常(　　　),可爱极了。
7. 昨天我在街上遇到一个老邻居,她笑着对我招招手,向我(　　　)。
8. 听到这个意外的消息,我感到非常(　　　)。

二 连线

利用　　　二氧化碳
公共　　　废物
粘贴　　　浪费
节约　　　照片
排放　　　通道
环保　　　报纸
浏览　　　志愿者
避免　　　汽油

三 模仿造句

1. 说起当年大卫追求小张的故事,还跟环保志愿者有关系呢。

> 说 / "过桥米线"这种云南小吃 / 还有一个故事呢
> 想 / 那件事 / 我就……
> 麦克是成龙的影迷 /……

2. 夏天尽量开窗通风,或者用扇子,少开空调,减少二氧化碳的排放量。

> 这件事很急 / 请你 / 在下星期前完成
> 考试前 / 大家 / 不要……
> 吃自助餐的时候 /……

3. 每次出门或回家,他俩都爬楼梯,尽量不坐电梯;上街则一起骑自行车,尽量不坐汽车。

> 这两本汉语书都不适合我 / 这本太难 / 那本 / 不太有趣
> 在这个季节 / 北方还是寒冷的冬天 / 南方……
> 北京和上海是很不同的城市 /……

4. 比如在公寓的公共通道里安装用声音控制的照明灯,避免无人行走时灯也开着,白白浪费电。

> 昨天我看书时睡着了 / 台灯 / 开了一晚上
> 她对自己新做的发型很不满意 / 觉得 /……
> 一双新鞋一个月就穿坏了 /……

5. 共同的环保观念使大卫和小张越走越近。

> 老师的话 / 他 / 明白了一个道理
> 她的安慰和鼓励 / 我……
> 这个电影 /……

6. 做这个很简单,但既能减少废玻璃,又可以利用废物做成手工艺术品。

> 很多人在外面吃饭时自己带筷子 / 卫生 / 环保
> 使用电动汽车 / 减少废气 /……
> 我经常坐火车旅行 /……

7. 比如在公寓的公共通道里安装用声音控制的照明灯，避免无人行走时灯也开着，白白浪费电。

> 比赛前 / 做热身运动 / 比赛时 / 受伤
> 下雨天 / 我一般坐地铁上班 / ……
> 不要把饮料带进图书馆 / ……

8. 受小张的影响，大卫也加入了志愿者的队伍。

> 父母 / 姚明 / 从小就喜欢打篮球
> 同屋 / 玛丽 / 最近……
> 朋友 / 我……

四 完成句子

1. 大雪下了一整天，_____。（使）
2. 天气太热，家里的水果都放坏了，_____。（白白）
3. 快十月份了，南方还很暖和，_____。（则）
4. 这些饮料喝不完的话放进冰箱里，_____。（避免）
5. 现在你有高血压，_____。（尽量）
6. _____，我也开始学习美术。（受……的影响）
7. A：田中是不是很喜欢足球啊？
   B：是啊！_____。（V+起）
8. A：你为什么不住学校的宿舍，要住校外呢？
   B：_____。（既……又……）

五 改错

1. 他非常惊讶这些艺术品。

2. 大量的工作王经理很累。

3. 以后尽量我不迟到。

4. 我爸爸发火儿起来的时候，很吓人。

5. 我从来不用一次化筷子，因为很浪费。

6. 既玛丽爱吃中国菜，又安娜爱吃中国菜。

7. 小张和李芳是一双恋人。

8. 随着汉语水平，大卫对中国文化越来越有兴趣了。

六 排序

1. A 他俩礼貌地打了个招呼
   B 大卫把空玻璃瓶放进废纸箱里，打算扔到楼下的垃圾桶里去
   C 他抱着纸箱出门时，正好遇到小张回家

2. A 这个艺术创造让大卫感到非常惊讶
   B 有名胜古迹的风景照，也有明星人物照，有中国的，也有外国的，还有各种可爱的动物照，看起来就好像是一面"玻璃瓶照片墙"
   C 一进门，只见对面墙边的柜子上放着一排玻璃瓶，瓶子里贴着五颜六色的照片

3. A 这些玻璃瓶是装糖果点心或者饮料的，以前习惯吃完喝完就扔了
   B 这样，就做成了玻璃瓶照片啦
   C 现在我把这些玻璃瓶洗干净，把我拍的照片和其他漂亮的图片按照玻璃瓶的大小剪好，然后粘贴进去

4. A 听到这里，大卫的惊讶已经变成了深深的佩服
   B 做这个很简单，但既能减少废玻璃，又可以利用废物做成手工艺术品
   C 他佩服这个中国姑娘用智慧和灵巧的双手变废为宝

5. A 这样既锻炼了身体，又节约了电和汽油
   B 就从这个"玻璃瓶照片墙"开始，大卫和小张姑娘经常一起聊天儿、吃饭
   C 每次出门或回家，他俩都爬楼梯，尽量不坐电梯；上街则一起骑自行车，尽量不坐汽车

七 根据课文内容判断正误，对的打√，错的打 ×

1. 大卫和小张是因为照相认识的。
2. 小张向大卫要空玻璃瓶是想当废品去卖。
3. 小张的玻璃瓶照片墙是贴满照片的玻璃墙。
4. 小张制作玻璃瓶照片墙是因为喜欢做手工艺术品。
5. 大卫对小张的心灵手巧很有好感。
6. 大卫和小张的工作都和环保有关系。
7. 大卫和小张尽量不坐汽车，而是骑自行车，是为了锻炼身体。
8. 大卫不理解小张的环保观念。

八 复述

1. 小张的"玻璃瓶照片墙"是什么样的"墙"？她是怎么做的？为什么要这么做？
2. 如果你是大卫，你的家人想知道你是怎么爱上中国女朋友小张的，请你用下列词语说说其中的故事。

| 公寓 | 邻居 | 玻璃瓶 | 扔 | 打招呼 | 好奇 | 主动 |
| 创造 | 惊讶 | 利用 | 佩服 | 智慧 | 灵巧 | 观念 |

九 表达

调查哪个城市是最环保的城市。

首先，全班同学分成几个小组，每个小组内应有来自不同国家或不同城市的学生。同组的同学依次介绍自己的城市环保工作开展的情况。（2分钟）

根据组内各位同学的发言，每个小组讨论得出城市环保程度的排名。（5分钟）

然后，各小组分别推选出一位代表，介绍自己小组的调查结果和依据。

最后，根据各小组代表的发言，师生共同总结出最环保的城市。

副课文

低碳生活

什么是"低碳生活"?所谓"低碳生活"就是尽量减少生活中所用的能量,减少二氧化碳的排放量。这样就能减少大气污染,减缓生态恶化。

那怎么做到低碳生活呢?我们可以从以下三个方面来改善生活细节,养成良好的生活习惯:节约电、节约燃气和回收资源。

1. 喝过茶后,把茶叶晒干,把干茶叶收集起来做成一个茶叶枕头,不但环保还能改善睡眠。

2. 看过报纸后,把旧报纸放在衣柜的最底层,可以吸收异味。

3. 用完水、电和燃气后,立即关电关水关燃气,避免浪费。

4. 用节能灯代替普通灯泡,可以省电80%。

5. 煮饭炒菜时,不让大火超出锅底,避免浪费燃气。能煮的食物尽量不蒸,这样也可以节省燃气。

6. 少吃肉,多吃素食。因为生产1千克牛肉排放36.5千克二氧化碳,而水果蔬菜排放的二氧化碳量只有它的1/9。另外,低碳生活还包括少喝酒,如果一个人每年少喝0.5千克酒,可减少排放二氧化碳1千克。

7. 少买不必要的衣服。因为一件普通的衣服,从原料到做成衣服,整个生产过程都在排放二氧化碳。少买一件衣服,就可以减少二氧化碳的排放。

8. 用纸写字或者打印时,尽量双面使用。尽量利用网上支付功能来付费,节约用纸。

9. 出门尽量骑自行车或者步行,因为自行车的最大优点是零排放、低噪音、无污染,既节能又环保。

10. 尽量开短会，因为短会也是一种节约，可以把照明用电、空调用电和麦克风用电都省下来。

"低碳生活"并不难，赶快行动起来吧！

词语表

基础词语

1	改善	gǎishàn	【动】	to improve	5
2	细节	xìjié	【名】	detail	5
3	日常	rìcháng	【形】	day-to-day, everyday	5
4	良好	liánghǎo	【形】	good, fine	5
5	收集	shōují	【形】	to collect	
6	枕头	zhěntou	【名】	pillow	5
7	吸收	xīshōu	【动】	to absorb	5
8	异味	yìwèi	【名】	unpleasant smell	
9	灯泡	dēngpào	【名】	bulb	
10	煮	zhǔ	【动】	to boil	5
11	炒	chǎo	【动】	to stir-fry	5
12	锅	guō	【名】	pan, pot, wok	5
13	节省	jiéshěng	【动】	to economize, to save	5
14	素食	sùshí	【名】	vegetarian diet	
15	蔬菜	shūcài	【名】	vegetable	5
16	必要	bìyào	【形】	necessary	5
17	原料	yuánliào	【名】	raw material	5
18	噪音	zàoyīn	【名】	noise	6
19	麦克风	màikèfēng	【名】	microphone	5
20	赶快	gǎnkuài	【副】	hurry, quickly	5
21	行动	xíngdòng	【动/名】	to take action; action	5

拓展词语

1	能量	néngliàng	【名】	energy	6
2	减缓	jiǎnhuǎn	【动】	to slow down	
3	生态	shēngtài	【名】	ecology	6
4	恶化	èhuà	【动】	to worsen	6
5	燃气	ránqì	【名】	gas	
6	回收	huíshōu	【动】	to recycle	6
7	节能灯	jiénéngdēng	【名】	efficient lightbulb	
8	节能	jiénéng	【动】	to conserve energy	

思考题

1. "低碳生活"是什么意思？
2. 为了节约电和燃气，可以怎么做？
3. 生活中有哪些回收资源的好方法？
4. 本文提到的10条中你能做到哪几条？
5. 你是否也赞同低碳的生活方式与理念？你有其他更好的建议吗？
6. 在生活中有哪些浪费资源的现象？你能举例说明吗？

3 玩具安全

课文

有些玩具就像天使，会给儿童带来快乐，不过，要是玩具不安全，这个"天使"就会变成伤害孩子的魔鬼。我们一起来听听下面这几个真实的故事吧！

名叫甜甜的小女孩儿只有两岁多，有一天她哭个不停，一直用手指着嗓子喊"疼"。妈妈带她到医院拍了X光片，发现甜甜的食道入口处有一个两三厘米的钥匙形状的阴影。妈妈这才想起来家里那个熊猫玩具的钥匙不见了。钥匙很小，掉在桌上容易被孩子误以为是糖果吃下去。医生动手术把这个玩具钥匙取了出来，但甜甜的食道受伤了，手术后两三天都不能吃东西。专家建议：给孩子购买玩具时，零件越少越好，越大越好，尽量选择尺寸大过孩子口腔的，这样才能防止孩子误食。

两岁多的男孩儿小明拉着一只塑料小兔子在家里玩儿，从客厅跑到卧室，再跑到卫生间。小明只顾往前跑，不知道绳子绕住了桌脚，一下子被绊倒在地上，门牙把下嘴唇咬破了，鲜血直流。专家建议：根据相关规定，36个月及以下儿童使用的拖拉玩具上的绳子长度不得超过220毫米。如果让孩子在屋子里玩儿，应该把桌椅等移动到别处，空间越大越好。

孩子喜欢模仿，但模仿不当也会带来危害。一个5岁左右的女孩儿，模仿妈妈戴戒指，想把自己的手指套进一个圆环里。可圆环比较小，她就使劲儿把手指伸进去。戴上这个"戒指"后，她还很得意，没想到手指渐渐肿了起来，越来越疼。她想摘下这个假戒指，可怎么也摘不下来，疼得大哭起来。父母赶紧把孩子送到医院，医生用钳子把圆环剪断，再给孩子受伤的手指涂上药膏，才没造成更严重的后果。专家建议：如果孩子的手指被硬物套住，千万不要用热水浸泡，否则手指会肿得更厉害。有把握的人可用钳子把硬物剪断，否则就要马上把孩子送到医院，因为肿得越久，血液循环越受阻碍，严重的会使肌肉坏死，导致部分截肢。

玩具能启发孩子的智力，有益于孩子的成长，但安全第一，因此无论是玩具的设计还是制造，都要为孩子的安全考虑，家长在选购玩具时也需谨慎。

词语表

基础词语

1	天使	tiānshǐ	【名】	angel	
2	魔鬼	móguǐ	【名】	demon	6
3	真实	zhēnshí	【形】	true	5
4	嗓子	sǎngzi	【名】	throat	5
5	喊	hǎn	【动】	to shout	5
6	厘米	límǐ	【量】	centimeter	5
7	形状	xíngzhuàng	【名】	shape, figure	5
8	受伤	shòu shāng		be wounded	5
9	零件	língjiàn	【名】	part, component	5
10	尺寸	chǐcùn	【名】	size	5
11	防止	fángzhǐ	【动】	to prevent	6
12	绳子	shéngzi	【名】	rope	5
13	客厅	kètīng	【名】	living room	5
14	卧室	wòshì	【名】	bedroom	5
15	卫生间	wèishēngjiān	【名】	toilet	5
16	只顾	zhǐgù	【副】	simply; to be absorbed in	
17	绕	rào	【动】	to wind, to coil	5

18	绊	bàn	【动】	to stumble	
19	咬	yǎo	【动】	to bite	5
20	及	jí	【连】	and	
21	拖	tuō	【动】	to drag, to draw	
22	屋子	wūzi	【名】	room	5
23	移动	yídòng	【动】	to move	5
24	模仿	mófǎng	【动】	to imitate	5
25	不当	búdàng	【形】	improper	
26	危害	wēihài	【动】	to harm	5
27	戒指	jièzhi	【名】	finger ring	5
28	环	huán	【名】	ring, hoop	
29	使劲儿	shǐ jìnr		to exert all one's strength	5
30	伸	shēn	【动】	to stretch, to extend	5
31	渐渐	jiànjiàn	【副】	gradually, little by little	
32	肿	zhǒng	【动】	to bump, to swell	
33	摘	zhāi	【动】	to pick	5
34	造成	zàochéng	【动】	to bring about, to cause	5
35	后果	hòuguǒ	【名】	consequence	5
36	浸泡	jìnpào	【动】	to soak	6
37	把握	bǎwò	【名】	assurance	5
38	阻碍	zǔ'ài	【动/名】	to block, to impede; obstruction	6
39	肌肉	jīròu	【名】	muscle	5
40	导致	dǎozhì	【动】	to result in	5
41	启发	qǐfā	【动】	to enlighten, to inspire	5
42	智力	zhìlì	【名】	intelligence	6
43	有益	yòuyì	【形】	beneficial	
44	成长	chéngzhǎng	【动】	to grow up	5
45	谨慎	jǐnshèn	【形】	cautious, careful	5

拓展词语

1	X光	X guāng		X ray
2	食道	shídào	【名】	esophagus
3	阴影	yīnyǐng	【名】	shadow
4	口腔	kǒuqiāng	【名】	oral cavity
5	门牙	ményá	【名】	incisor
6	嘴唇	zuǐchún	【名】	lip
7	长度	chángdù	【名】	length
8	钳子	qiánzi	【名】	pliers, clamp
9	药膏	yàogāo	【名】	ointment
10	血液循环	xuèyè xúnhuán		blood circulation
11	截肢	jié zhī		to amputate

语言点

❶ 只顾

（1）副词，表示专心做某事而不管别的。例如：

① 小明只顾往前跑，不知道绳子绕住了桌脚，一下子被绊倒在地上，门牙把下嘴唇咬破了，鲜血直流。
② 发生火灾的时候，那人只顾逃命，什么也没拿。
③ 他只顾赚钱，家里的事什么也不管。
④ 这个假期，刘明一天到晚只顾打游戏，几乎没看过书。

（2）表示只注意（某一点或某一方面）。顾：动词，注意，后接名词宾语。例如：

① 经营企业，如果只顾眼前，没有长远打算，那么将来必定会出问题。
② 他只顾一方面，没考虑到其他方面。
③ 只顾数量，不顾质量是不行的。
④ 你怎么只顾自己，有没有想过别人？

❷ 不得

（1）表示不可以、不允许。语气强，有命令意味。例如：

① 根据相关规定，36个月及以下儿童使用的拖拉玩具上的绳子长度不得超过220

毫米。

② 汽车加油站不得吸烟。

③ 地铁和飞机等公共交通工具上不得携带危险物品。

④ 这里是厨房，如果不是饭店工作人员，不得入内。

（2）用在动词后，读轻声。口语，表示不可以。例如：

① 请注意，那个门上写着"高压电"，碰不得。

② 你去不得，太危险了。

③ 这种果子有毒，吃不得。

④ 梅花鹿是国家保护动物，捉不得。

❸ 渐渐

副词，表示程度或数量慢慢地发生变化，可带"地"。例如：

① 戴上这个"戒指"后，她还很得意，没想到手指渐渐肿了起来，越来越疼。

② 四月份了，天气渐渐热起来了。

③ 站台上的人群向渐渐远去的火车招手。

④ 上大学以后，他渐渐地对经济学产生了兴趣。

❹ 导致

动词，表示一种事物或状况引起不利的结果。例如：

① 严重的会使肌肉坏死，导致部分截肢。

② 那起交通事故导致两人死亡，一人受伤。

③ 房子问题导致他们两人最后分手了。

④ 他的粗心导致了这次考试的失败。

❺ 有把握

把握：名词，表示成功的可能性，常用在"有"或"没"后面。例如：

① 有把握的人可用钳子把硬物剪断，否则就要马上把孩子送到医院，因为肿得越久，血液循环越受阻碍。

② 这个工作不难，他有把握在一个星期内做完。

③ 那道题做得对不对，我没有把握。

④ A：这次比赛你们有把握赢吗？

B：有，有90%的把握。

❻ 有益于

表示"对……有好处"。于：介词，用来引出对象或范围。用于书面语。例如：

① 玩具能启发孩子的智力，有益于孩子的成长。
② 多喝绿茶有益于身体健康。
③ 丰富的课外活动有益于提高学生的学习兴趣。
④ 音乐有益于儿童智力的发展。

练习

一 选词填空

> 零件　谨慎　后果　尺寸　启发　造成　危害　阻碍

1. 今天我的自行车不能骑了，有个（　　）坏了。
2. 交通的不便（　　）了当地的经济发展。
3. 你穿多大（　　）的衣服？这件合适吗？
4. 这起交通事故（　　）两人死亡，一人受伤。
5. 网上交友必须（　　），小心被骗。
6. 这个故事（　　）我们：只要有智慧，弱者也可能战胜强者。
7. 抽烟对人体有很多（　　）。
8. 疲劳驾车可能会产生严重的（　　）。

二 连线

拍	戒指
戴	药膏
摘	桌椅
涂	父母
防止	苹果
模仿	X光片
移动	生病
浸泡	衣服

三 模仿造句

1. 小明<u>只顾</u>往前跑，不知道绳子绕住了桌脚，一下子被绊倒在地上，门牙把下嘴唇咬破了，鲜血直流。

   > 在地铁上 / 她们俩 / 聊天 / 竟然没听清广播 / 多坐了一站
   > 今天 / 他…… / 连午饭都忘记吃了
   > 每天下班回家以后 / 他……

2. 根据相关规定，36 个月及以下儿童使用的拖拉玩具上的绳子长度<u>不得</u>超过 220 毫米。

   > 自 2008 年起我国规定 / 商场 / 免费提供塑料购物袋
   > 考试的时候 / 学生……
   > 坐飞机的时候 /……

3. 戴上这个"戒指"后，她还很得意，没想到手指<u>渐渐</u>肿了起来，越来越疼。

   > 孩子们 / 都长大了 / 老张也快退休了
   > 下了一上午 / 现在 / 雨……
   > 住了三个月医院 /……

4. 严重的会使肌肉坏死，<u>导致</u>部分截肢。

   > 一种病毒 / 他的电脑已经完全不能使用了
   > 这个地区已经数月没下过雨了 /……
   > 这场车祸 /……

5. <u>有把握</u>的人可用钳子把硬物剪断，否则就要马上把孩子送到医院，因为肿得越久，血液循环越受阻碍。

   > 王峰 / 在一小时内 / 修好这台电脑
   > 这次考试不太难 / 我……
   > 如果和刘强比赛下棋 /……

6. 玩具能启发孩子的智力，<u>有益于</u>孩子的成长。

   > 大学时期多参加些社团活动和社会活动 / 锻炼能力 / 积累社会经验
   > 我觉得瑜伽是很好的运动 / 因为……
   > 保证睡眠 /……

7. 钥匙很小，掉在桌上容易被误以为是糖果吃下去。

> 第一次见到丽莎的时候 / 我 / 她是美国人
> 玛丽和大卫关系很好 / 我们都……
> 我是个近视眼 / 有一次……

8. 36个月及以下儿童使用的拖拉玩具上的绳子长度不得超过220毫米。

> 阳光 / 空气 / 水 / 是 / 人类生存的基本条件
> 本书包括 /5套HSK题目 /……
> 请在表中填写姓名……

四 完成句子

1. 这里是教室，_____。（不得）
2. 去美国后，_____。（渐渐）
3. 今天的地铁晚点了半小时，_____。（导致）
4. 参加这次国际会议的有_____。（及）
5. 和我一起去跑跑步吧，_____。（有益于）
6. 她说一口流利的韩语，_____。（误以为）
7. A：你刚才说什么？_____。（只顾）
   B：哦，我说，洗完衣服后，你帮我把衣服晒出去。
8. A：师傅，我这辆自行车还能修吗？
   B：没问题，_____。（有把握）

五 改错

1. 我没做完作业，现在还不得出去玩儿。

2. 只顾大卫打电子游戏，没有听见手机响。

3. 今天天气渐渐地变冷了，昨天还是25度，今天是15度。

4. 玛丽学习很努力，导致她取得了很好的成绩。

5. 这位医生有把握那个孩子的病。

6. 因为费用很高，我们的活动计划阻碍了。

7. 看中文电影有益提高汉语听力水平。

8. 和同学用英语聊天没有好处汉语学习。

六 排序

1. A 一下子被绊倒在地上
   B 两岁多的男孩儿小明拉着一只塑料小兔子在家里玩儿
   C 小明只顾往前跑，不知道绳子绕住了桌脚

2. A 尽量选择尺寸大过孩子口腔的
   B 这样才能防止孩子误食
   C 给孩子购买玩具时

3. A 千万不要用热水浸泡
   B 如果孩子的手指被硬物套住
   C 否则手指会肿得更厉害

4. A 否则就要马上把孩子送到医院
   B 因为肿得越久，血液循环越受阻碍
   C 有把握的人可用钳子把硬物剪断

5. A 因此，无论是玩具的设计还是制造，都要为孩子的安全考虑
   B 但安全第一
   C 玩具能启发孩子的智力，有益于孩子的成长

七 根据课文内容判断正误，对的打√，错的打 ×

1. 有时候，玩具可能会伤害孩子。
2. 甜甜嗓子疼是因为一个糖果。

3. 甜甜不小心吃下了一个玩具钥匙。
4. 购买玩具，零件越小越好，越多越好。
5. 小明摔倒是因为跑得太快。
6. 一个小女孩儿模仿妈妈戴戒指时受伤了。
7. 孩子的手指被硬物套住时，可以用热水浸泡。
8. 设计玩具时，最重要的是能否开发儿童的智力。

八 复述

1. 根据本文，为小孩子选购玩具时应该注意哪些问题？请用下列词语复述。

　　尺寸　零件　越……越……　长度　不得　超过　光滑

2. 当小孩儿手指被硬物套住，拿不下来时，应该怎样处理？请用下列词语复述。

　　有把握　钳子　剪断　千万　浸泡　否则　肿胀

九 表达

1. 你小时候玩儿玩具有没有发生过危险？后来是怎么处理的？说说你的故事。

2. 你扮演幼儿园老师，另一位同学扮演幼儿园一位学生的家长。这天，这位家长来请教你，她的孩子要过3岁生日了，她想给孩子买件玩具作为生日礼物，她不清楚该怎么给小孩子选玩具，你告诉了她你的看法，同时你还谈了关于孩子玩儿玩具，家长应注意的一些问题。

副课文

小女孩儿的建议

在新西兰的野生动物保护中心，一只还不到两岁的非洲小狮子有了大麻烦：它在吃鸡时，喉咙被鸡骨头卡住了，接着开始发炎，无法进食。动物保护中心的托蒂医生及时给它打了消炎针。本来以为给它打几针就会好的，可是，这只小狮子好像对抗生素产生了抗体似的，怎么治都不见好。

这只小狮子是从非洲大草原空运到新西兰的，十分珍贵。保护中心几乎把新西兰所有的兽医都请来了，但他们都跟托蒂医生一样，没有办法。小狮子眼看快要不行了，托蒂医生只好在网上发布了求助信息。好心的网友们看到后，有的推荐技术高超的医生，有的建议把狮子送回非洲大草原。有一个叫凯琳的12岁小女孩儿建议说，每天用手去摸摸小狮子的额头，这样它也许会好起来。凯琳还说，她曾经收养过一只流浪狗，刚开始的时候小狗什么也不吃，她就抱着它，轻轻抚摸它的额头，不久，小狗便渐渐恢复健康了。

许多医生都觉得凯琳的建议好像开玩笑，如果只需要摸摸额头就能治好小狮子的病，那还要医生做什么？可托蒂医生却不这么认为。他像发现新大陆一样又惊又喜，决定按照凯琳的建议试一试。没想到，这只非洲小狮子在托蒂医生温柔的抚摸下，居然一天天好起来了。原来有时候比吃药打针更有效的治疗是关爱。

词语表

基础词语

1	喉咙	hóulong	【名】	throat	6
2	骨头	gǔtou	【名】	bone	5

3	卡	qiǎ	【动】	to get stuck	
4	似的	shìde	【助】	as if	5
5	草原	cǎoyuán	【名】	grassland	5
6	空运	kōngyùn	【动】	air transport	
7	珍贵	zhēnguì	【形】	precious, valuable	6
8	眼看	yǎnkàn	【副】	soon, in a moment	5
9	推荐	tuījiàn	【动】	to recommend	5
10	高超	gāochāo	【形】	superb, excellent	6
11	曾经	céngjīng	【副】	once, ever	5
12	收养	shōuyǎng	【动】	to adopt	
13	流浪	liúlàng	【动】	to lead a vagrant life	6
14	便	biàn	【副】	then, just	5
15	抚摸	fǔmō	【动】	to stroke, to fondle	
16	恢复	huīfù	【动】	to recover, to resume	5
17	温柔	wēnróu	【形】	gentle and soft, mild	5
18	居然	jūrán	【副】	unexpectedly	5
19	有效	yǒuxiào	【形】	effective, valid	

拓展词语

1	野生动物	yěshēng dòngwù		wild animal	
2	发炎	fāyán	【动】	to inflame	6
3	消炎	xiāo yán		to diminish inflammation	
4	抗生素	kàngshēngsù	【名】	antibiotic	
5	抗体	kàngtǐ	【名】	antibody	
6	兽医	shòuyī	【名】	vet	
7	额头	étóu	【名】	forehead	

专有名词

| 1 | 新西兰 | Xīnxīlán | | New Zealand |
| 2 | 托蒂 | Tuōdì | | name of a person |

| 3 | 凯琳 | Kǎilín | name of a person |
| 4 | 新大陆 | Xīn Dàlù | the New World, the Americas |

思考题

1. 那只非洲小狮子为什么不能进食了?
2. 托蒂医生开始是怎么给小狮子治疗的?有用吗?
3. 托蒂医生在网上求助后,得到了哪些建议?
4. 凯琳为什么认为每天摸摸小狮子的额头也许有用?
5. 托蒂医生最后按照哪种建议做了?效果如何?
6. 你养过动物吗?如果它们生病了,你怎么办呢?

4 石库门——老上海的名片

课文

苏菲是英国留学生,刚来上海的时候,电视里反复播放的一句广告词"石库门——老上海的名片"给她留下了深刻的印象。虽然苏菲汉语已经达到了高级水平,可是石库门到底是什么呢?和上海有什么关系呢?她还是不明白。

"石库门是上海特有的一种居住房屋,也是老上海最多、最普通的老百姓住宅。"同屋安娜在德国学的就是建筑专业,她很快回答了苏菲的问题。"你听说过北京的四合院吧?就像北京的四合院是北京民居的标志一样,上海的石库门是近代上海民居的象征。"安娜接着说。

"四合院我知道,可是上海的建筑为什么叫石库门呢?"苏菲问。"听说是因为这种建筑的外门用石头做门框,所以称'石库门'。"安娜答道。

看见苏菲这么感兴趣,安娜打开电脑,找出了石库门的资料,边看图边解说。原来,石库门一般都是砖木结构的两层楼房,坡型屋顶带有小天窗,青红砖外墙,黑漆大门。突然,苏菲叫起来:"从总体上看,石库门怎么有点儿像我们国家的联排别墅呢?你看,外墙上的图案、门上的装饰有的也是欧式的。""你说对了,石库门来源于江南民居的住宅形式,但是采用的联排式布局却来源于欧洲。石库门最明显的特征是中西合璧,这也是我非常喜欢它的原因。"

"你刚才说石库门是老上海最普通的住宅,那时候有多少石库门建筑呢?"苏菲问。"这个我也不清楚,我上网查一下。"安娜灵活地敲击着键盘,移动着鼠标。"石库门建筑流行于上世纪20年代,占据了当时民居的3/4以上。

据上世纪50年代初的统计，上海石库门里弄总数达9000多处，住宅单元在20万幢以上，占上海民居建筑总面积的65％左右。"安娜和苏菲一起读着网上的数据。

"哦，我明白了，难怪说'石库门是老上海的名片'呢，原来有那么多的上海人曾经生活在石库门里，现在一定有很多人怀念当时的生活吧！"苏菲兴奋地说，"对了，现在还有没有石库门？我很想去参观参观。"安娜打开网上的一张照片，说："至今上海还留有数十万幢石库门房子。我今天先带你去新天地吧，那儿既有传统的石库门建筑，又有许多时髦的商店，吃完晚饭还可以逛逛酒吧。""哇！这么漂亮，咱们现在就去看看'老上海的名片'吧！"苏菲已经有点儿迫不及待了。

词语表

基础词语

1	名片	míngpiàn	【名】	name card	5
2	反复	fǎnfù	【副】	repeatedly, over and over again	5
3	播放	bōfàng	【动】	to play	6
4	居住	jūzhù	【动】	to reside in	6
5	老百姓	lǎobǎixìng	【名】	common people	5
6	住宅	zhùzhái	【名】	housing residence	6
7	标志	biāozhì	【名】	mark	5
8	近代	jìndài	【名】	modern times	5
9	象征	xiàngzhēng	【名/动】	symbol; to symbolize	5
10	称	chēng	【动】	to call	6
11	青	qīng	【形】	blackish green	5
12	漆	qī	【名】	lacquer, paint	6
13	总体	zǒngtǐ	【名】	in total	6
14	采用	cǎiyòng	【动】	to adopt	6
15	布局	bùjú	【名/动】	layout; to make the layout	6

16	来源	láiyuán	【名/动】	origin, source; to originate	6
17	明显	míngxiǎn	【形】	evident, obvious	5
18	特征	tèzhēng	【名】	feature, characteristic	5
19	敲击	qiāojī	【动】	to knock on	
20	键盘	jiànpán	【名】	keyboard	5
21	年代	niándài	【名】	decade of a century	5
22	占据	zhànjù	【动】	to take up, to occupy	6
23	统计	tǒngjì	【名/动】	statistic; to count	6
24	达	dá	【动】	to amount to	
25	单元	dānyuán	【名】	unit, cell	5
26	幢	zhuàng	【量】	a measure word (for a building)	5
27	数据	shùjù	【名】	data	5
28	难怪	nánguài	【副】	no wonder	5
29	怀念	huáiniàn	【动】	to cherish the memory of, to yearn	5
30	至今	zhìjīn	【副】	up to now	5
31	时髦	shímáo	【形】	fashionable	5
32	酒吧	jiǔbā	【名】	bar	5
33	迫不及待	pòbùjídài		too impatient to wait	6

拓展词语

1	石库门	shíkùmén	【名】	Shikumen housing
2	房屋	fángwū	【名】	house, building
3	民居	mínjū	【名】	citizen residential housing
4	四合院	sìhéyuàn	【名】	courtyard with houses on four sides
5	门框	ménkuàng	【名】	doorframe
6	砖木结构	zhuānmù jiégòu		brick and wood structure
7	坡型	pōxíng	【名】	sloping-shed
8	屋顶	wūdǐng	【名】	roof
9	天窗	tiānchuāng	【名】	skylight
10	联排别墅	liánpái biéshù		townhouse

| 11 | 中西合璧 | zhōngxī hébì | | a combination of Chinese and Western elements |
| 12 | 里弄 | lǐlòng | 【名】 | lane |

专有名词

1	苏菲	Sūfēi	Sophie, name of a person
2	江南	Jiāngnán	regions south of the Yangtze River
3	新天地	Xīntiāndì	(Shanghai) Xintiandi, name of a place

语言点

1 反复　重复

反复

（1）副词，表示某个行为、动作进行多次，一遍又一遍。例如：

① 苏菲是英国留学生，刚来上海的时候，电视里反复播放的一句广告词"石库门——老上海的名片"给她留下了深刻的印象。

② 那个科学家反复试验了三年，最后终于取得了成功。

③ 我反复考虑之后，决定还是不去了。

④ 李军的英语听力较差，所以他常常反复听一个句子，直到听懂为止。

（2）名词、动词，表示某种情况时好时坏，多次出现。例如：

① 妈妈的牙病经常有反复。（名词）

② 奶粉安全问题要一次性解决，不允许发生反复。（名词）

③ 我的胃病反复过好几次。（动词）

④ 电脑的毛病一直没完全修好，好了又坏，坏了又好，反复多次了。（动词）

重复

chóngfù，动词，表示按照前次动作，再做一次，或相同的情况又一次出现。例如：

① 老师说："a，请大家重复一遍！"

② 有时候，小孩子喜欢重复大人的话。大人说什么，孩子就说什么。

③ "好，请大家重复这个动作。踢腿！一，二，停！"健身教练喊着口号。

④ 这段话的内容跟上面的重复了。

辨析"反复"和"重复"

（1）"反复"有副词和名词用法，"重复"没有。例如：

① 他反复考虑后，决定向女朋友求婚。（不可用"重复"）
② 他的病情出现了反复。（不可用"重复"）

（2）动词"重复"表示同样的情况多次出现，"反复"除了表示同样情况外，还可强调不同情况多次交替出现。例如：

① 我刚才说什么了？你再重复一遍！
② 最近天气反复无常，很容易生病。

② **总体上**

表示在整体上，从全局的角度来看。也可以说"从总体上来说"或"总体上看"，常用于句首。例如：

① 从总体上看，石库门怎么有点儿像我们国家的联排别墅呢？
② 总体上，我对这个房子很满意，只是卫生间再大一点儿就更好了。
③ 从总体上来说，他做的是对的。
④ 这次期中考试，我们班总体上看考得不错，但是也有人不及格。

③ **来源于**

来源：名词、动词，做动词时后面跟"于"，表示事物最开始是从什么地方产生的。例如：

① 石库门来源于江南民居的住宅形式，但是采用的联排式布局却来源于欧洲。
② 这个故事来源于中国的少数民族历史。
③ "沙发"这个词来源于英语。
④ 这种汽车制造技术来源于德国。

④ **据**

介词，表示信息的依据或来源。例如：

① 据上世纪50年代初的统计，上海石库门里弄总数达9000多处。
② 据了解，近期本市因玩玩具而受伤的儿童明显增加。
③ 据新华社报道，上海60岁及以上常住老年人口有339.01万人。
④ 据刘主任介绍，交通大学目前每年约有1500名短期留学生。

⑤ **达**

动词，表示在数量或程度方面达到较高的数值。例如：

① 据上世纪50年代初的统计，上海石库门里弄总数达9000多处。
② 那个汽车制造厂的汽车年产量达100多万辆。
③ 到年底，上海的常住人口已达2000多万人。

④ 刘军的年薪达50万元人民币。

6 占

动词，表示在总体中的比重或处在某一种地位。例如：

① 据上世纪50年代初的统计，上海石库门住宅单元在20万幢以上，占上海民居建筑总面积的65%左右。
② 这次考试同学们考得不错，90分以上的同学占全班人数的70%多。
③ 在我们大学对外汉语教育学院，亚洲留学生占留学生总数80%左右。
④ 这次篮球比赛，和北京队相比，广州队占一些优势。

7 难怪

副词，表示明白了原因后，对某一情况不再感到奇怪。也可以说"怪不得"，用于分句句首。例如：

① 难怪说'石库门是老上海的名片'呢，原来有那么多的上海人曾经生活在石库门里。
② 他已经知道了，难怪他一点儿也不惊讶。
③ 难怪玛丽汉语这么好，原来她的男朋友是中国人。
④ 田中每天课后都学习好几个小时的汉语，难怪他进步这么快。

8 数

shù，数词，用于说明概数，表示"几"。常用词组有"数十、数百、数千、数万、数十万、数百万、数千万"等等。例如：

① 至今上海还留有数十万幢石库门房子。
② 四川大地震造成数万人死亡，数百万幢房屋倒塌。
③ 在这起火灾中，数十人不幸遇难。
④ 这所中学每年都有数十位学生考上北大、清华等中国一流大学。

一 选词填空

难怪　采用　标志　资料　来源　怀念　占　象征

1. 他已经完全准备好了，（　　　）这么有信心。
2. 奥运会是和平、友谊和竞争的一种（　　　）。

3. 大学同学聚会的时候，谈起过去，大家都非常（　　）在学校里的那些日子。
4. 北京的四合院是北京民居的（　　）。
5. 为了写那篇文章，张玲去图书馆找了很多（　　）。
6. 你是怎么知道的？你的消息（　　）是什么？
7. 这次考试 90 分以上的同学（　　）全班同学的 20%。
8. 老师，这次汉语比赛（　　）什么样的形式？是演讲还是知识问答？

二 连线

播放　　　　年代
普通　　　　明显
特征　　　　广告
敲击　　　　住宅
五十　　　　键盘
统计　　　　环境
穿着　　　　数据
居住　　　　时髦

三 模仿造句

1. 电视里<u>反复</u>播放的一句广告词给她留下了深刻的印象。

   我 / 已经 / 检查了好几遍 / 没有发现错误
   他 / 终于弄清楚了那个问题 /……
   为了参加钢琴大赛 /……

2. 从<u>总体上</u>看，石库门怎么有点儿像我们国家的联排别墅呢？

   从……看 / 我同意你的看法
   虽然他有点儿懒 / 但是 /……
   我刚读完这本书 /……

3. 石库门<u>来源于</u>江南民居的住宅形式，但是采用的布局却来源于欧洲。

   这种治疗方法 / 西医
   成语是汉语的重要组成部分 /……
   这个消息 /……

4. 据上世纪50年代初的统计，上海石库门里弄总数达9000多处。

> 最新研究发现 / 牙病会增加得心脏病的危险
> 最近几年 / 一些大城市的离婚率达30%以上……
> 留学生办公室 / 日韩学生……

5. 据上世纪50年代初的统计，上海石库门住宅单元占上海民居建筑总面积的65%左右。

> 在上海目前的常住人口中 / 老年人 / 20%左右
> 这个班 / 欧美的留学生……
> 在我的收入中 /……

6. 据上世纪50年代初的统计，上海石库门里弄总数达9000多处。

> 去年 / 哈尔滨的冬天非常冷 / 最低温度 / 零下40多度
> 据说 / 这个心理测试很准 / 正确率……
> 他在银行工作 /……

7. 难怪说"石库门是老上海的名片"呢，原来有那么多的上海人曾经生活在石库门里。

> 她吃不下晚饭 / 原来 / 她已经吃了不少零食了
> 你们长得这么像 / 她是……
> 饭店客人这么多 /……

8. 至今上海还留有数十万幢石库门房子。

> 每年 / 全国有 / 百万高中生 / 同时参加高考
> 上海世博会期间 / 每天参观……
> 这次车展 /……

四 完成句子

1. 今年来中国旅游的游客＿＿＿＿＿＿＿＿＿＿＿＿＿＿＿＿＿＿。（达）
2. 因为大雪，交通困难，＿＿＿＿＿＿＿＿＿＿＿＿＿＿＿＿＿。（数）
3. 你在英国工作过啊，＿＿＿＿＿＿＿＿＿＿＿＿＿＿＿＿＿＿。（难怪）
4. A：老师，我的听力很不好，怎么办啊？
   B：＿＿＿＿＿＿＿＿＿＿＿＿＿＿＿＿＿＿＿＿＿＿＿＿＿。（反复）
5. A：这部电影你觉得怎么样？
   B：＿＿＿＿＿＿＿＿＿＿＿＿＿＿＿＿＿＿＿＿＿＿＿＿＿。（总体上）

6. A：你知道汉语中哪些词是从英语来的吗？
   B：_____。（来源于）

7. A：最近得感冒的人是不是特别多啊？
   B：是啊，_____。（据）

8. A：在你们学校，欧美留学生多吗？
   B：_____。（占）

五 改错

1. 老师，我没听懂，您能反复一遍吗？

2. 我明白他的意思在总体上。

3. 他来源于美国。

4. 据电力部门，每天8:00至21:00是市民用电的高峰时段。

5. 去年，上海的常住老年人口到达总人口的22.9%。

6. 我所有的鞋子里，皮鞋占了左右90%。

7. 这孩子发烧了，不奇怪又哭又闹。

8. 足球比赛中，数观众一起为运动员们喊"加油"。

六 排序

1. A 刚来上海时，电视广告"石库门——老上海的名片"给苏菲留下了深刻印象
   B 于是，她去问学建筑专业的朋友安娜
   C 虽然汉语已经达到了高级水平，可是石库门是什么，苏菲一点儿也不了解

2. A 边看图边解说
   B 安娜打开电脑，找出了石库门的资料
   C 原来，石库门一般都是砖木结构的两层楼房，青红砖外墙，黑漆大门

3. A 一定有很多人怀念当时的生活吧
   B 原来有那么多的上海人曾经生活在石库门里
   C 难怪说"石库门是老上海的名片"呢

4. A 据上世纪50年代初的统计，上海石库门里弄总数达9000多处
   B 石库门建筑流行于上世纪20年代
   C 占据了当时民居的3/4以上

5. A 我今天先带你去新天地吧
   B 至今上海还留有数十万幢石库门房子
   C 那儿既有传统的石库门建筑，又有许多时髦的商店

七 根据课文内容判断正误，对的打√，错的打 ×

1. 石库门是近代北京民居的标志。
2. 石库门是当代上海民居的象征。
3. 石库门是石头建成的楼房。
4. 石库门是来源于欧洲的住宅形式。
5. 石库门建筑与欧洲建筑有相同点。
6. 石库门最明显的特征是西方化。
7. 石库门建筑流行于19世纪。
8. 今天上海几乎已经没有石库门建筑了。

八 复述

为什么说"石库门就是老上海的一张名片"？可用下面的词语。

旧上海　普通　住房　民居　象征　流行于
占据　据……统计　达　至今　数十万

九 表达

你来扮演上海国际旅行社的导游，另外两位同学扮演第一次来上海的中国外地游客，他们参加了你带队的"上海一日游"旅行团。现在你们来到了"新天地"，你开始给游客们介绍上海的石库门建筑，并回答游客的提问。

副课文

桥的变迁

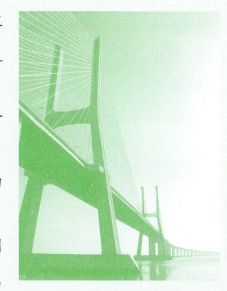

千百年来，桥帮助人们从此岸到达彼岸，从落后到达繁荣，从一个成功走向另一个成功。桥又是时代变化的一张名片，桥的变迁就是社会的变迁。从古代的木梁桥、石拱桥，到现代的长江大桥、跨海大桥，桥的变迁反映了时代的发展，人类的进步。

古代诞生了木梁桥、石拱桥、吊桥。最著名的是石拱桥，有赵州桥、卢沟桥等，木梁桥较为普遍，而吊桥则是一种独创。战争时期，人们为了保护国土发明了"吊桥"。在城墙四周挖一条宽大的护城河，再放上一座吊桥，平时可以给人们行走来往，等到发生战争时把桥吊起来防守，敌人就打不进来了。吊桥的诞生显示了古代人民的聪明智慧，对国防事业有着重要的作用。

中国现代具有代表性的武汉长江大桥，是我国在长江上建造的第一座铁路、公路两用桥。整座大桥非常雄伟，上层是公路，下层是铁路，两列火车可同时对开。底层有电梯可直达公路桥面，站在桥上可以看得很远。武汉长江大桥建成后，成为武汉一道美丽的风景，促进了南北方经济发展。

杭州湾跨海大桥是目前世界第三长的跨海大桥，南起宁波，北至嘉兴，桥长约36公里，双向六车道高速公路，使用寿命100年以上，总投资约107亿元。杭州湾大桥的建设显示，经过20多年的改革开放，中国的综合国力水平达到了新的高度。

基础词语

| 1 | 岸 | àn | 【名】 | shore, bank | 5 |

2	彼	bǐ	【代】	that	
3	到达	dàodá	【动】	to arrive	5
4	落后	luòhòu	【形】	backward	5
5	繁荣	fánróng	【形】	flourish, boom	5
6	变迁	biànqiān	【动】	to change in trends or conditions	6
7	古代	gǔdài	【名】	ancient times	5
8	诞生	dànshēng	【动】	to be born, to emerge	6
9	吊	diào	【动】	to hang, to suspend	6
10	战争	zhànzhēng	【名】	war	5
11	时期	shíqī	【名】	period	5
12	挖	wā	【动】	to dig	6
13	防守	fángshǒu	【动】	to defend	6
14	国防	guófáng	【名】	national defence	6
15	事业	shìyè	【名】	undertaking, career	6
16	建造	jiànzào	【动】	to build, to set up	
17	铁路	tiělù	【名】	railway	
18	雄伟	xióngwěi	【形】	grand, magnificent	5
19	列	liè	【量】	row	
20	促进	cùjìn	【动】	to promote, to boost	5
21	高速公路	gāosù gōnglù		high way	5
22	寿命	shòumìng	【名】	life-span	5
23	投资	tóuzī	【名】	investment	5
24	建设	jiànshè	【动】	to construct	5
25	改革	gǎigé	【动】	to reform	5
26	开放	kāifàng	【动】	to open to the outside world	5

拓展词语

1	木梁桥	mùliángqiáo	wooden beam bridge
2	石拱桥	shígǒngqiáo	stone arch bridge
3	跨海大桥	kuàhǎi dàqiáo	cross-sea bridge
4	吊桥	diàoqiáo	drawbridge

5	护城河	hùchénghé	moat
6	综合国力	zōnghé guólì	overall national power

专有名词

1	赵州桥	Zhàozhōu Qiáo	Zhaozhou Bridge
2	卢沟桥	Lúgōu Qiáo	Lugou Bridge
3	武汉	Wǔhàn	name of a city
4	杭州湾	Hángzhōu Wān	Hangzhou Bay
5	宁波	Níngbō	name of a city
6	嘉兴	Jiāxīng	name of a city

思考题

1. 文中一共提到了哪些种类的桥？
2. 根据本文，最早诞生的桥是什么桥？
3. 中国的吊桥是什么样的桥？有什么作用？
4. 文中提到的中国现代有代表性的两用桥是哪一座？它有什么特点？
5. 根据本文，杭州湾跨海大桥有什么特点？
6. 介绍一座给你留下深刻印象的桥，说说它的特点。

5 花博士谈"花"茶

课文

大卫的中国朋友花明先生是一位植物学博士。为了庆祝花博士顺利毕业，大卫和安娜带着鲜花来到花明的家。花明热情地接待了两位外国同学，把他们带到阳台上的玻璃花房里。哇！大卫和安娜只觉得眼前一亮，似乎来到了一个花园。那一朵朵玫瑰、月季，那一株株百合、郁金香，再加上大卫和安娜带来的鲜花，红的、黄的、紫的，各式各样，五颜六色。阳光下，整个花房显得鲜艳无比，漂亮极了。

花明笑着对两位朋友说："请坐，请坐！来，猜猜看，今天我请你们喝什么茶？"安娜抢先说："乌龙茶。"主人摇摇头。大卫接着说："龙井茶。"主人又摇摇头，然后指着面前的花儿说："我请你们喝'花'茶，就是用花制作的茶。"

花明打开一个柜子，里面有一层层的抽屉，每个抽屉里都放着一种晒干的花儿。花博士拿了些玫瑰花放在杯子里，又拿来一壶开水，将开水慢慢地冲入杯中，只见那些干干的花瓣在水里伸展开来，非常好看。大卫和安娜都喝了一口，不约而同地称赞道："真香！"

"是啊，"花博士接着说，"花茶不仅香，而且还有药用价值。就拿玫瑰花茶来说吧，它含有丰富的维生素，性质温和。用它冲茶喝，可以促进新陈代谢，消除疲劳，保持良好的精神状态。女人常喝，还能保持青春魅力呢。""是吗？那我一定要常喝。"安娜说着喝了一大口，大家都笑了起来。

"来，请你们再喝喝这种康乃馨茶。"花博士又为两位客人换了新茶，并接着说下去："康乃馨茶的性质微凉，含有人体需要的各种微量元素。常喝能使人开胃，情绪安定，还能减肥呢。""是吗？那我一定要常喝。"安娜说着又喝了一大口，大家又笑了。

"其实，可以泡茶的花很多。比如桃花、桂花、菊花、梅花、茉莉花、牡丹花等，都可以制作成花茶。它们都含有维生素和矿物质，是天然的健身饮品。常喝各种花茶，吸收必需的营养，排除体内垃圾，就能延长寿命啦！"

"哈哈！"大卫举起茶杯说："今天我们学到了很多花茶的知识，很开心。来，我们以茶代酒，干杯！""干杯！"

词语表

基础词语

1	庆祝	qìngzhù	【动】	to celebrate	5
2	阳台	yángtái	【名】	balcony, veranda	5
3	株	zhū	【量】	a measure word (for plant)	6
4	紫	zǐ	【形】	purple	5
5	显得	xiǎnde	【动】	to seem, to appear	5
6	无比	wúbǐ	【动】	incomparable	6
7	制作	zhìzuò	【动】	to make, to manufacture	5
8	壶	hú	【量/名】	pot, kettle	5
9	将	jiāng	【介】	with, by means of	
10	冲	chōng	【动】	to make (tea), to flush	5
11	花瓣	huābàn	【名】	petal	6
12	伸展	shēnzhǎn	【动】	to stretch	
13	不约而同	bùyuē'értóng		without prior consulation	
14	称赞	chēngzàn	【动】	to acclaim, to praise	5
15	性质	xìngzhì	【名】	quality	5
16	温和	wēnhé	【形】	mild, gentle	6

17	新陈代谢	xīnchén-dàixiè		metabolism	6
18	消除	xiāochú	【动】	to eliminate, to clean up	6
19	疲劳	píláo	【形】	fatigue, tired	5
20	状态	zhuàngtài	【名】	state	5
21	青春	qīngchūn	【名】	youth	5
22	魅力	mèilì	【名】	charm	5
23	微	wēi	【副/形】	slightly; tiny	
24	情绪	qíngxù	【名】	mood	5
25	安定	āndìng	【形】	stable, settled	
26	开胃	kāiwèi	【动】	to stimulate the appetite	5
27	天然	tiānrán	【形】	natural	
28	健身	jiànshēn	【动】	to keep fit, to do physical exercise	
29	营养	yíngyǎng	【名】	nutrition	5
30	排除	páichú	【动】	to remove, to eliminate	6
31	延长	yáncháng	【动】	to extend	5
32	开心	kāixīn	【形】	happy	5

拓展词语

1	玫瑰	méigui	【名】	rose	
2	月季	yuèjì	【名】	China rose	
3	百合	bǎihé	【名】	lily	
4	郁金香	yùjīnxiāng	【名】	tulip	
5	乌龙茶	wūlóngchá	【名】	oolong tea	
6	龙井茶	lóngjǐngchá	【名】	Longjing tea	
7	维生素	wéishēngsù	【名】	vitamin	6
8	康乃馨	kāngnǎixīn	【名】	carnation	
9	微量元素	wēiliàng yuánsù		microelement	
10	桃花	táohuā	【名】	peach blossom	
11	桂花	guìhuā	【名】	osmanthus flowers	
12	菊花	júhuā	【名】	chrysanthemum	

13	梅花	méihuā	【名】	plum blossom
14	茉莉花	mòlìhuā	【名】	jasmine
15	牡丹花	mǔdānhuā	【名】	peony
16	矿物质	kuàngwùzhì	【名】	mineral

语言点

❶ 一+动词/形容词

一：数词，用在动词或形容词前。

（1）"一+动词/形容词"，表示动作、状态是突然出现的。例如：

① 哇！大卫和安娜只觉得眼前一亮，似乎来到了一个花园。

② 什么？产品出问题了！听到这个消息，老张心里一惊。

③ 搬了新家后，我把房间布置一新。

④ 听说明年要加工资了，大家精神一振。

（2）"一+动词（短语）"，表示经过某个短暂的动作后，立即得出某种结论或出现某种结果。

例如：

① 我一摸口袋，发现忘了带钱包。

② 电话铃响了，我拿起来一听，原来是同事找我。

③ 今天学跳水，开始我不敢跳，最后我把眼睛一闭，跳了下去。

④ 这种茶叶用热水一冲，就会在水中开出一朵花来。

❷ 量词重叠

"一+名量词+名量词"，数量词组，表示"很多个"。具有描写作用。例如：

① 那一朵朵玫瑰、月季，那一株株百合、郁金香，再加上大卫和安娜带来的鲜花，红的、黄的、紫的，各式各样，五颜六色。

② 我们走进果园，只见架子上挂着一串串紫色的大葡萄。

③ 草莓园里，一颗颗新鲜漂亮的草莓成熟了，等着主人来采摘。

④ 上下班高峰时间，马路上一辆辆汽车来来往往，好像一条长河。

❸ 显得

动词，表现出（某种状态）。例如：

① 阳光下，整个花房显得鲜艳无比，漂亮极了！

② 张老师四十多岁，但显得很年轻。
③ 比赛快开始了，运动员们一个个都显得很有信心。
④ 你穿上黑色的衣服，显得瘦多了。

4 动词 + 开（来）

（1）动词 + 趋向补语，表示人或事物随着动作分开。例如：

① 花博士拿了些玫瑰花放在杯子里，又拿来一壶开水，将开水慢慢地冲入杯中，只见那些干干的花瓣在水里伸展开来，非常好看。
② 那个地区数月无雨，很多地方的土地都裂开（来）了。
③ 小男孩儿紧紧握着玩具汽车，不肯把手松开（来）。
④ 这两张纸粘在一起了，能把它们分开（来）吗？

（2）动词 + 趋向补语，引申义，表示某情况或事物随着动作向更大范围发展。例如：

① 这件事如果传开（来），影响不好。
② 那首歌在春节联欢晚会上播出后，很快就在社会上流行开（来）了。
③ 他的病很严重，癌细胞已经扩散开（来）了。
④ 这种病菌如果在社区中传播开（来），是非常危险的。

5 拿……来说

表示举例，也可以说"比如说……"。多用于举例说明某个情况或证明某个观点。例如：

① 就拿玫瑰花茶来说吧，它含有丰富的维生素，性质温和。
② 来中国后，田中发现中国和日本有很多差别。拿交通规则来说，日本汽车靠左行驶，而在中国汽车则靠右行驶。
③ 刚来上海时，安娜不太习惯上海的生活。拿吃饭来说，她用不惯筷子。
④ 上海和北京很不一样。拿建筑来说，北京的传统民居是四合院，上海的传统民居是石库门。

6 动词 + 下去

表示继续某种已开始的动作，或某种已有的状态继续存在。例如：

① 花博士又为两位客人换了新茶，并接着说下去。
② 如果你坚持学下去，你会对汉语越来越感兴趣。
③ 最近你们销售部的业绩很不错，如果保持下去，今年公司的产品销售量就能比去年增长 30%。
④ 天气这么干旱下去，今年的粮食会大幅度减产。

7 微

副词，表示数量很少或程度不深，相当于"有点儿"。后跟单音节形容词，一般用于书面语。

例如：

① 康乃馨茶的性质微凉，含有人体需要的各种微量元素。
② 这种苹果颜色微红，水分多，味道甜。
③ 他四五十岁，身材微胖。
④ 这种米酒微甜，喝了不醉。

练习

一 选词填空

> 新陈代谢　排除　营养　性质　价值　延长　吸收　似乎

1. 多吃水果和蔬菜可以促进人体的（　　　）。
2. 大卫准备（　　　）在中国学习的时间。
3. 她今天脸上没有笑容，（　　　）心情不太好。
4. 很多花茶都能够帮助（　　　）体内的垃圾。
5. 柠檬茶（　　　）微凉，维生素丰富。
6. 你要多吃有（　　　）的东西，少吃点儿零食。
7. 花茶不仅好喝，而且还有很高的药用（　　　）。
8. 听说，小孩子晒太阳对（　　　）维生素 D 很有好处。

二 连线

庆祝　　　身体
制作　　　毕业
鲜艳　　　疲劳
伸展　　　无比
消除　　　安定
青春　　　食物
天然　　　魅力
情绪　　　蛋糕

三 模仿造句

1. 哇！大卫和安娜只觉得眼前一亮，似乎来到了一个花园。

> 面试时 / 他 / 慌 / 把准备好的词全忘了
> 信读到这里 / 她心里 / 热 / ……
> 听到这个消息 / ……

2. 那一朵朵玫瑰、月季，那一株株百合、郁金香，红的、黄的、紫的，各式各样，五颜六色。

> 图书馆里 / 图书 / 整整齐齐地放在书架上
> 上个星期天 / 我去参观了一个画展 / ……
> 在大城市里 / ……

3. 阳光下，整个花房里显得鲜艳无比，漂亮极了。

> 今天 / 儿子从学校回来 / 很高兴 / 有什么好事情吧
> 张经理连着三天加班 / 每天只睡两三个小时 / ……
> 玛丽剪短了头发 / ……

4. 只见那干干的花瓣在水里伸展开来，非常好看。

> 太阳出来了 / 清晨的大雾终于 / 散
> 用开水冲茶 / 几分钟后 / 茶叶……
> 这件事是秘密 / 如果……

5. 就拿玫瑰花茶来说吧，它含有丰富的维生素，性质温和。

> 水果的维生素很丰富 / 橙子 / 它含有大量的维生素C
> 我们班的同学都很有意思 / 大卫 / ……
> 每种语言都有自己的特点 / ……

6. 花博士又为两位客人换了新茶，并接着说下去。

> 你每天抽这么多烟 / 发展 / 对健康非常不利
> 如果你想提高书法水平 / 你得坚持……
> 我喜欢中国 / 打算……

7. 康乃馨茶的性质微凉，含有人体需要的各种微量元素。

> 这是我们店新出的草莓饮料／味道／甜／特别可口
> 这家四川饭店的菜／根据辣的程度分为三种／……
> 她喝了一杯酒／脸色……

8. 大卫和安娜都喝了一口，不约而同地称赞道："真香！"

> 大家在讨论去哪儿旅游／我和小李／想到了青岛
> 今天作文课的题目是"我喜欢的城市"／很多学生……
> 选课的时候／……

四 完成句子

1. 门铃响了，_____。（一＋动词）
2. 上海浦东这二十年发生的变化真大，_____。（一＋量＋量）
3. 听力考试马上就开始了，同学们_____。（显得）
4. 疯牛病如果_____，后果会很严重。(V+开来）
5. 英语和汉语很不一样，_____。（拿……来说）
6. A：你怎么不跑了？跑不动了？
   B：是啊，_____。（V+下去）
7. A：这个菜你想要很辣的还是不辣的？
   B：_____。（微）
8. A：你认识那个女生吗？
   B：_____，但是我想不起来了。（似乎）

五 改错

1. 突然，我眼前黑了一次，差点儿摔倒。

2. 那孩子很淘气，个个玩具都被他弄坏了。

3. 今天，显得安娜不太开心。

4. 学校为了防止流感传播出来，决定放假一周。

5. 别说下来了，你的意思我都懂了。

6. 中国各地的生活习惯很不一样，饮食习惯来说，广东人喜欢先喝汤再吃菜，可是北方人一般先吃饭菜，最后才喝汤。

7. 上海菜一点儿甜，和四川菜完全不一样。

8. 常喝玫瑰花茶，能够排除疲劳，保持精神良好。

六 排序

1. A 哇！大卫和安娜只觉得眼前一亮，似乎来到了一个花园
   B 花明热情地接待两位外国同学，把他们带到了阳台上的玻璃花房里
   C 为了庆祝花博士顺利毕业，大卫和安娜带着鲜花来到花明家

2. A 只见那些干干的花瓣在水里伸展开来，非常好看
   B 将开水慢慢地冲入杯中
   C 花博士拿了些玫瑰花放在杯子里，又拿来一壶开水

3. A 就拿玫瑰花茶来说吧，它含有丰富的维生素，性质温和
   B 花茶不仅香，而且还有药用价值
   C 用它冲茶喝，可以促进新陈代谢，消除疲劳

4. A 含有人体需要的各种微量元素
   B 常喝能使人开胃，情绪安定，还能减肥呢
   C 康乃馨茶的性质微凉

5. A 比如桃花、桂花、菊花、茉莉花、牡丹花等，都可以制作成花茶
   B 它们都含有维生素和矿物质，是天然的健身饮品
   C 可以泡茶的花很多

七 根据课文内容判断正误，对的打√，错的打 ×

1. 这天大卫和安娜是去花明家看花的。
2. 大卫和安娜参观了花明家附近的花园。
3. 花明家有玫瑰、康乃馨、月季、百合，没有郁金香。
4. 花明请大卫和安娜喝了乌龙茶和龙井茶。
5. 大卫和安娜在花明家喝了两种茶。
6. 能促进新陈代谢，消除疲劳的茶是康乃馨茶。
7. 常喝玫瑰花茶能减肥。
8. 只有康乃馨、玫瑰是可以泡茶的花。

八 复述

1. 花明泡花茶的过程是怎样的？请用下列词语介绍。

　　柜子　抽屉　晒干　冲入　开水　花瓣　伸展

2. 根据本文，请为玫瑰花茶和康乃馨茶各做一段广告，可参考下列词语。

　　含有　维生素　性质　促进　新陈代谢　消除　疲劳　保持
　　性质　微　含有　微量元素　情绪　有利　减肥

九 表达

1. 根据本文的介绍，对你来说，哪种茶可能比较适合你？为什么？

2. 你和一位同学来到一家古色古香的中国茶艺馆喝茶，第三位同学扮演茶艺馆的服务员。作为顾客，你们开始点茶前，先请服务员给你们推荐和介绍适合你们两位的茶，因此服务员做了专业而详细的介绍。

副课文

值得关注的数字

每到新年，人们的祝福语中说得最多的也许是"祝身体健康"吧。最近，有本杂志提出了最值得关注的7个数字，建议大家好好儿看一下。

第一个数字：9.5年。它告诉人们，一个乐观的人要比悲观的人多活9.5年。

第二个数字：2倍。它告诉人们，糖尿病患者的死亡风险是同龄人的2倍。如今，糖尿病患者数量在发展中国家越来越多。医生提醒"糖友"们要注意控制体重，合理饮食。

第三个数字：50%。观察一下住院的患者，大约50%的人会服用过量的药物，比如止痛药等，这会给身体带来很大伤害。医生提醒人们平时要合理安排饮食，多运动。尽量少吃药，最好不吃药。

第四个数字：25%。它告诉人们，大约25%的人在感冒时没有症状，这也是重大的健康隐患。因此，为了避免耽误病情，感到不舒服就要及时休息，必要时去医院。

第五个数字：1晚。它告诉人们，如果一个晚上不睡觉，胰岛素抵抗性就会增加。时间一长，患糖尿病的可能性越来越高。因此，建议人们不管工作多忙，都要保证睡眠充足。

第六个数字：20卡路里。它告诉人们，人工甜味剂的热量比天然蔗糖高20卡路里。因此，建议少吃人工甜味剂，吸收天然糖分更健康。

第七个数字：1000毫升。它告诉人们，维生素D能使骨骼健壮，还能预防多种癌症。成人每天需要补充1000毫升的维生素D。平时可以从海鱼、牛奶等饮食中得到维生素D，多晒太阳也能补充维生素D。

词语表

基础词语

1	关注	guānzhù	【动】	to follow with interest, to pay close attention to	
2	祝福	zhùfú	【动】	to bless	5
3	乐观	lèguān	【形】	optimistic	5
4	悲观	bēiguān	【形】	pessimistic	5
5	患者	huànzhě	【名】	patient	6
6	死亡	sǐwáng	【名】	death	6
7	风险	fēngxiǎn	【名】	risk, hazard	5
8	如今	rújīn	【名】	now	5
9	观察	guānchá	【动】	to observe	5
10	服用	fúyòng	【动】	to take medicine	
11	伤害	shānghài	【动】	to hurt	
12	隐患	yǐnhuàn	【名】	hidden trouble	6
13	抵抗	dǐkàng	【动】	to resist	6
14	充足	chōngzú	【形】	abundant	6
15	人工	réngōng	【名】	man-made	6
16	健壮	jiànzhuàng	【形】	strong and healthy	
17	预防	yùfáng	【动】	to prevent	5
18	癌症	áizhèng	【名】	cancer	6
19	补充	bǔchōng	【动】	to supply	5

拓展词语

1	糖尿病	tángniàobìng	【名】	diabetes
2	止痛药	zhǐtòngyào	【名】	anodyne
3	胰岛素	yídǎosù	【名】	insulin
4	卡路里	kǎlùlǐ	【名】	calorie
5	甜味剂	tiánwèijì	【名】	sweetener

6	蔗糖	zhètáng	【名】	sucrose
7	毫升	háoshēng	【量】	milliliter
8	糖分	tángfèn	【名】	sugar
9	骨骼	gǔgé	【名】	bone, skeleton

思考题

1. 这篇文章讨论的是什么方面的问题？
2. 根据这篇文章，乐观的人和悲观的人谁将活得更长久？长多少时间？
3. 人感冒时是不是都有明显的症状？
4. 如果睡眠不充足，对人有什么危害？
5. 人为什么要补充维生素 D？每天应当怎么补充？
6. 请你举一个跟健康有关的数字，并详细说明。

6 她改变了一个国家的态度

课文

丽贝卡·霍斯金是英国广播公司的摄影师，在她的努力下，英国的莫德博里成了欧洲第一个全面禁止使用塑料袋的城镇，而丽贝卡也获得了全英环境与媒体奖。

2006年，丽贝卡到夏威夷拍摄野生动物的纪录片时，看到数百只信天翁倒在沙滩上。这些鸟的胃已经被阳光晒爆，里面都是塑料袋，还有勺子、梳子、饮料瓶盖等塑料碎片。它们显然是在吃了这些东西后死亡的。更糟糕的情况接二连三：鲸、海豹、乌龟也都死于误食塑料碎片。凡是海洋上塑料制品比较集中的地方，海滩上必能见到动物成片死亡。她捡起一只活着的小鸟，鸟儿啄了几下她的手指，很快就死了。那一刻，丽贝卡感到无比伤心，忍不住流下了眼泪。

回到家乡英国莫德博里镇，丽贝卡整理完纪录片，就决定开展一个禁止使用塑料袋的活动。她向亲友们播放反映野生动物生存状况的片子，还邀请小镇的零售商在酒吧讨论禁止使用塑料袋的行动计划。6个月后，这个镇全部用上了布袋，向大自然少扔了50万个塑料袋。莫德博里成了欧洲第一个全面禁止使用塑料袋的城镇，丽贝卡的勇气和行为在英国家喻户晓。英国"绿色和平"组织的负责人说："她在几个月内就改变了英国人对塑料袋的态度，她把太平洋上的所见所闻和自己生活的国家联系起来，她应当是英国的首相。"

丽贝卡向人们证实：不要等待政府和超市去行动，只要人们自觉行动起来，就可产生巨大力量。成千上万的人给她写信，80多个城镇自愿加入告别塑料袋的

行列。没多久,伦敦的33个区宣布要用立法的方式对付"塑料袋之害"。作为一个普通人,她用简单的语言向人们传递着这样一个信息:有些事是我们不能忽视的。

英国首相布朗上任后发表的第一篇"绿色讲话"中,提到他将召集所有超市的高管,讨论如何消除塑料袋,找到可持续使用的替代品。丽贝卡用行动说服了首相对塑料袋开战。

丽贝卡感到很高兴,但她不想成为媒体采访的对象。她热爱的仍是拍摄纪录片,并且在业余时间到海边捡垃圾,其中三分之二是塑料垃圾。

词语表

基础词语

1	全面	quánmiàn	【形】	comprehensive	5
2	拍摄	pāishè	【动】	to shoot, to take (a picture)	
3	沙滩	shātān	【名】	sand beach	5
4	爆	bào	【动】	to burst, to explode	
5	勺子	sháozi	【名】	spoon	5
6	梳子	shūzi	【名】	comb	5
7	碎片	suìpiàn	【名】	fragment	
8	显然	xiǎnrán	【形】	obvious	5
9	糟糕	zāogāo	【形】	terrible	5
10	接二连三	jiē'èr-liánsān		successively	
11	凡是	fánshì	【副】	all	5
12	集中	jízhōng	【动/形】	to centralize; focused	5
13	捡	jiǎn	【动】	to pick up	5
14	啄	zhuó	【动】	to peck	
15	忍不住	rěnbuzhù		cannot help doing sth.	5
16	家乡	jiāxiāng	【名】	hometown	5
17	开展	kāizhǎn	【动】	to launch, to carry out	6

18	生存	shēngcún	【动】	to survive	6
19	状况	zhuàngkuàng	【名】	condition, state	5
20	行为	xíngwéi	【名】	behavior	5
21	家喻户晓	jiāyù-hùxiǎo		widely known	6
22	和平	hépíng	【名】	peace	5
23	证实	zhèngshí	【动】	to verify, to validate	6
24	等待	děngdài	【动】	to wait for	5
25	政府	zhèngfǔ	【名】	government	5
26	自觉	zìjué	【形】	conscious	5
27	自愿	zìyuàn	【动】	to be voluntary	5
28	告别	gàobié	【动】	to leave, to bid farewell	5
29	行列	hángliè	【名】	procession	6
30	宣布	xuānbù	【动】	to declare, to announce	5
31	对付	duìfu	【动】	to cope with	6
32	传递	chuándì	【动】	to transmit, to deliver	5
33	忽视	hūshì	【动】	to ignore	5
34	发表	fābiǎo	【动】	to pulish	5
35	上任	shàngrèn	【动】	to take up a post	6
36	召集	zhàojí	【动】	to call together	5
37	如何	rúhé	【代】	how	5
38	持续	chíxù	【动】	to sustain	5
39	说服	shuōfú	【动】	to persuade	5
40	采访	cǎifǎng	【动】	to interview	5
41	对象	duìxiàng	【名】	object, target	5
42	业余	yèyú	【形】	amateur	5

拓展词语

1	摄影师	shèyǐngshī	【名】	photographer
2	纪录片	jìlùpiàn	【名】	documentary
3	信天翁	xìntiānwēng	【名】	albatross
4	鲸	jīng	【名】	whale

5	海豹	hǎibào	【名】	seal
6	乌龟	wūguī	【名】	tortoise
7	零售商	língshòushāng	【名】	retailer
8	立法	lì fǎ		to legislate
9	首相	shǒuxiàng	【名】	premier, prime minister
10	高管	gāoguǎn	【名】	senior administrator
11	替代品	tìdàipǐn	【名】	substitute

专有名词

1	丽贝卡·霍斯金	Lìbèikǎ Huòsījīn	Rebecca Hosking, name of a person
2	英国广播公司	Yīngguó Guǎngbō Gōngsī	BBC
3	莫德博里	Mòdébólǐ	Modbury, name of a place
4	夏威夷	Xiàwēiyí	Hawaii
5	绿色和平组织	Lǜsè Hépíng Zǔzhī	Greenpeace
6	布朗	Bùlǎng	Brown, name of a person

语言点

1 显然

副词，表示非常明显，容易看出来或感觉到某种情况，或容易得出某种结论。例如：

① 它们显然是在吃了这些东西后死亡的。
② 总经理看起来很生气，显然，他已经知道这件事了。
③ 他说的话前后矛盾，显然，这里有什么问题。
④ 小偷显然是从厨房的窗户爬进屋子里去的。

2 接二连三

表示一个接一个，不断发生。可用在动词前。例如：

① 它们显然是在吃了这些东西后死亡的。更糟糕的情况接二连三：鲸、海豹、乌龟也都死于误食塑料碎片。
② 运动会开始了，我们班的成绩不错，好消息接二连三。
③ 近日，菜农卖菜难的新闻接二连三地出现在报纸和网络上。
④ 最近这个小区接二连三地发生了几起小偷入室偷窃的事件。

❸ 于（1）

用在动词或形容词后面，表示方面、原因、目的。例如：

① 更糟糕的情况接二连三：鲸、海豹、乌龟也都死于误食塑料碎片。

② 他们乐于为广大顾客提供超值服务。

③ 麦克想自己开公司当老板，可是苦于没有资金。

④ 她忙于准备婚礼，恐怕抽不出时间来。

❹ 凡是

副词，表示总括某个范围内的一切，强调在这一范围内没有例外。可用于句首，后带名词。例如：

① 凡是海洋上塑料制品比较集中的地方，海滩上必能见到动物成片死亡。

② 他是个车迷，凡是名牌车几乎都知道。

③ 凡是你们写错的字，每个字请再写三遍。

④ 李军的数学很好，同学们凡是遇到难题，都喜欢去问他。

❺ 忍不住

动词 + 可能补语，表示无法控制住。例如：

① 那一刻，丽贝卡感到无比伤心，忍不住流下了眼泪。

② 看到孩子那可气又可爱的样子，我忍不住笑了。

③ 那边很多人围在一起，我也忍不住走了过去，想看看到底发生了什么事。

④ 看着同事的新衣服，我忍不住问："你是在哪儿买的？"

❻ 所 + 动词

"所 + 动词"构成"所字结构"，为名词性词组，表示某种特指的人或事物。用于书面语中，做定语时，中心语前有"的"。例如：

① 她在几个月内改变了英国人对塑料袋的态度，她把太平洋上的所见所闻和自己生活的国家联系起来，她应当是英国的首相。

② 她把这次旅行中所遇到的趣事都写进了书中。

③ 他所关心的就是工作，一点儿也不关心这个家。

④ 王峰经常用自己所学的知识搞一些小发明。

❼ 动词 + 起来

动词 + 趋向补语，本文的"起来"为引申义，表示通过动作使人或事物从原先分散的状态集中到一起或结成一体。例如：

① 她在几个月内改变了英国人对塑料袋的态度，她把太平洋上的所见所闻和自己生活的国家联系起来，她应当是英国的首相。
② 把这几张卡片拼起来，就是一幅画。
③ 你知道怎么把电脑和网络连接起来吗？
④ 如果把同学们组织起来，就能做成这件事。

练习

一 选词填空

立法 召集 自觉 家喻户晓 忽视 对象 持续 业余

1. 每周一，这家百货公司的总经理都要（　　）几位高管开会。
2. 在（　　）时间里，她自学了教育学和心理学的课程。
3. 两部地区的干旱（　　）了四个多月。
4. 在国际贸易活动中，了解一些对方国家的文化习俗和礼仪是很有必要的，不可（　　）。
5. 在公共汽车上，年轻人都应当（　　）给老人、孕妇或病人等有困难的人让座。
6. 在中国，孔子的名字（　　）。
7. 那个记者采访的（　　）是一位大学校长。
8. 在最近的全国人民代表大会上，一位代表认为，政府应该为"生活垃圾分类处理"问题（　　）。

二 连线

集中　　　状况
发表　　　名人
采访　　　影片
拍摄　　　计划
宣布　　　讲话
生存　　　力量
告别　　　信息
传递　　　家乡

 模仿造句

1. 它们<u>显然</u>是在吃了这些东西后死亡的。

> 这个人一身的酒味 / 他刚喝过酒
> 杰克今天脸色不好 / 有点儿咳嗽 / ……
> 办公室的门关着 / ……

2. 更糟糕的情况<u>接二连三</u>：鲸、海豹、乌龟也都死于误食塑料碎片。

> 奥运会上 / 运动员获得金牌的消息……
> 今年他很不顺利 / 不幸的事情……
> 最近麦克在找工作 / ……

3. 鲸、海豹、乌龟也都死<u>于</u>误食塑料碎片。

> 现在全球越来越多的生物 / 死 / 气候变暖
> 中国的江南地区经济发达 / 得利 / ……
> 他最近大部分时间都在办公室 / ……

4. <u>凡是</u>海洋上塑料制品比较集中的地方，海滩上必能见到动物成片死亡。

> 她很尊重父母 / 重要的事情 / 她都会问一问父母的意见
> 自己能做的事情 / 你应该独立完成 / ……
> 老刘是个美食家 / ……

5. 那一刻，丽贝卡感到无比伤心，<u>忍不住</u>流下了眼泪。

> 海豚表演时太可爱了 / 观众们 / 笑了起来
> 看电影时 / 旁边的人不停地说话 / ……
> 这种巧克力实在太好吃了 / ……

6. 她把太平洋上的<u>所</u>见<u>所</u>闻和自己生活的国家联系起来，她应当是英国的首相。

> 你 / 了解的 / 只是中国的一个方面 /
> 旅行中 / 看到的 / 让他……
> 大家把 / 想到的 / ……

7. 她把太平洋上的所见所闻和自己生活的国家联系起来，她应当是英国的首相。

> 警察 / 这两起偷车事件 / 联系 / 有了新的发现
> 这学期 / 你这门课的总成绩 / 就是……
> 这座桥 / 城市和农村 /……

8. 丽贝卡向人们证实：不要等待政府和超市去行动，只要人们自觉行动起来，就可产生巨大力量。

> 他的实验 / 人们 / 他的观点是对的
> 那个明星 / 记者 / 下月将……
> 经过仔细调查 /……

四 完成句子

1. _____，他们的新家布置得很漂亮。（在……下）
2. 她最近脸色不太好，_____。（显然）
3. 你看，_____，就是汉字"鲸"。（动词＋起来）
4. 李明是个足球迷，_____。（凡是）
5. 爷爷把电视音量开得很大，小明_____。（忍不住）
6. _____，先是儿子考上了大学，接着又买了新房子，现在呢，当上了教授。真是让人羡慕啊！（接二连三）
7. A：听说这本书很有意思，写了什么？
   B：_____。（所＋动词）
8. A：听说，丢电脑的事和刘强有关系。
   B：没关系。_____，丢电脑的那个上午，刘强在教室上课。（向……证实）

五 改错

1. 快上课了，接二连三的学生们走进了教室。

2. 今天她做事时一直不大说话，明显，她有心事。

3. 经过调查，那批鸟都死在"禽流感"病毒。

4. 只是水果，他几乎都喜欢吃。

5. 今天老师布置的作业很多，忍不住学生们向老师抱怨。

6. 北方人所理解"凉茶"和南方人所理解"凉茶"意思不太一样。

7. 有办法了，可以把这条绳子和那条绳子连接，这样就够长了。

8. 在全体队员的努力，他们的比赛取得了胜利。

六 排序

1. A 丽贝卡·霍斯金是英国广播公司的摄影师
   B 而丽贝卡也获得了全英环境与媒体奖
   C 在她的努力下，英国莫德博里成了欧洲第一个全面禁用塑料袋的城镇

2. A 这些鸟的胃已经被阳光晒爆，里面都是各种塑料碎片
   B 2006年，丽贝卡到夏威夷拍摄纪录片，看到数百只信天翁倒在沙滩上
   C 它们显然是在吃了这些东西后死亡的

3. A 6个月后，莫德博里成了欧洲第一个全面禁止使用塑料袋的城镇
   B 回到家乡英国莫德博里镇，丽贝卡决定开展禁止使用塑料袋的活动
   C 她邀请了小镇的零售商讨论禁止使用塑料袋的行动计划

4. A 她在几个月内就改变了英国人对塑料袋的态度
   B 丽贝卡的勇气和行为在英国家喻户晓
   C 她把太平洋上的所见所闻和自己生活的国家联系起来，她应当是英国的首相

5. A 还有80多个城镇自愿加入告别塑料袋的行列
   B 成千上万的人给丽贝卡写信
   C 接着，伦敦的33个区宣布要用立法的方式对付"塑料袋之害"。

七 根据课文内容判断正误，对的打√，错的打×

1. 丽贝卡因为摄影技术高，获得了环境媒体奖。
2. 莫德博里是世界上第一个全面禁止使用塑料袋的城镇。
3. 2006年，丽贝卡去夏威夷旅游。
4. 2006年丽贝卡在英国海滩上发现大量鸟类因环境污染而死。
5. 在莫德博里镇，丽贝卡联系电视台在全镇播放野生动物生存的录像。
6. 在莫德博里镇之后，全英国都已经全面禁止使用塑料袋。
7. 丽贝卡改变了英国人对塑料袋的态度。
8. 丽贝卡的行为说明：只有在政府的领导下，才能够产生巨大的社会力量。

八 复述

1. 丽贝卡为什么要开展禁止使用塑料袋的活动？请用下面的词语复述。

   拍摄　纪录片　晒爆　显然　塑料碎片　死亡　凡是　集中　忍不住

2. 在丽贝卡的努力下，她的家乡——莫德博里成了欧洲第一个全面禁止使用塑料袋的城镇，丽贝卡是怎么做到这一点的？请参考下面的词语复述课文第三段。

   整理　播放　录像　邀请　零售商　商议　禁止　塑料袋　社区

九 表达

1. 在你们国家，政府对塑料袋的管理是怎样的？
2. 你自己平时注意保护生态环境吗？你有哪些具体的行动？
3. 你认为中国在环保方面哪些地方做得不好，需要改进？在这些方面，你们国家有什么好的做法？

   首先，全班同学分成几组，相同国籍的学生或来自相同城市的学生为一组。

   然后，各组对上面指定的话题进行讨论。（10分钟）

   最后，各组分别推选一位代表，向全班介绍自己小组的讨论结果。（每人3分钟）

副课文

"限塑令"改变市民生活习惯

2008年6月1日起，中国消费者习以为常的免费购物塑料袋开始有偿使用。按照国务院办公厅下发的《关于限制生产销售使用塑料购物袋的通知》，6月1日起，在全国范围内禁止生产、销售、使用厚度小于0.025毫米的塑料购物袋；所有超市和商场实行塑料购物袋有偿使用制度，不得免费提供塑料购物袋。如果消费者确实需要，可以购买塑料袋，每个两毛左右。

"限塑令"开始后，市民的反应各不相同。老人们把家中多年未用的竹篮子带到了超市，市民张大妈说："这菜篮子一直放家里舍不得扔，没想到现在又有用了。"

在各式环保袋的选择中，环保布袋受到了很多市民，特别是年轻一代的喜爱。很多市民已经把使用环保袋当成一种时髦，不同颜色、款式的环保袋成为街上一道美丽的风景。孙小姐最近都是带着环保布袋外出逛街购物的，"环保布袋个性突出、颜色鲜艳，又环保又时尚，我都准备把它当手提包用了。"孙小姐和她的好友一边说，一边展示着各自的个性环保布袋。

在对某个超市的10名顾客进行采访时，我们发现其中有6名顾客都是自己事先准备好了塑料袋和布袋，4名顾客使用了超市有偿提供的塑料袋。"塑料袋两毛钱的价格一般都能接受，对我们今后的购物习惯并不会有什么影响。"市民张女士表示，为了减少污染、保护环境，"限塑令"是可以接受的。

对于"限塑令"的实行，也有部分市民表示不能接受，因为它给生活带来了不便。李女士说，目前生活节奏比较快，很多人选择在下班之后顺便去超市买东西，这样一来，上班时还要带一个环保袋，多麻烦。另外，如果每次购物都买塑料袋，一年下来也要花不少钱。

看来，"限塑令"要收到良好的效果，还需要全社会共同努力，提高环保意识。

词语表

基础词语

1	习以为常	xíyǐwéicháng		to be accustomed to
2	有偿	yǒucháng	【动】	for value, with compensation
3	厚度	hòudù	【名】	thickness
4	制度	zhìdù	【名】	system
5	竹	zhú	【名】	bamboo
6	篮子	lánzi	【名】	basket
7	舍不得	shěbude	【动】	to hate to part with or use
8	个性	gèxìng	【名】	specific character
9	突出	tūchū	【形/动】	prominent; to give prominence to
10	时尚	shíshàng	【形】	fashionable
11	展示	zhǎnshì	【动】	to display
12	各自	gèzì	【副】	each
13	事先	shìxiān	【副】	beforehand, in advance
14	女士	nǚshì	【名】	lady
15	节奏	jiézòu	【名】	rhythm
16	意识	yìshi	【名/动】	awareness; to be aware of

拓展词语

1	限塑令	xiànsùlìng	plastic bag ban
2	国务院	guówùyuàn	state council

1. "限塑令"的内容是什么？
2. "限塑令"开始后，一些老人是怎么购物的？
3. "限塑令"开始后，什么样的环保袋比较受人们欢迎？为什么？
4. 文中，市民对"限塑令"的看法是什么？
5. 为什么有些市民不能接受"限塑令"？
6. 你们国家实行"限塑令"吗？效果如何？

7 农活儿中的智慧

课文

　　大卫来上海以前，在美国认识了中国留学生王新。王新是美国一所大学的农业博士，他毕业后回到自己在农村的家乡，当起了农民。今年暑假，王新邀请大卫去他的家乡玩儿，于是，大卫在农村住了两个月。中国农村的风土人情，尤其是农民们在从事农业生产中表现出来的智慧，给他留下了深刻的印象。从王新的老家回到上海后，大卫在一次口语课上，介绍了中国新农村的经济发展，也谈了自己的感想。他是这样介绍的：

　　王新的家原来在山下，因为他承包了一座果树山，所以就把家搬到山上去了。王新在山的东面种了10多亩桔子树，在山的西面种了20亩梨树。每到收获季节，树上挂满了桔红色和金黄色的果实，为王新带来了可喜的经济效益。可是没想到，几年前，一场大雪把王新的果树都冻死了，辛辛苦苦积累下来的成果一下子全没了。怎么办？在困难面前，王新没有灰心，没有放弃，而是抬起头来重新干。他的家乡是竹乡，所以这次他在种下新果树后，又在果树的外围种下了竹子。一来竹子不怕冻，可以为果树挡寒，二来竹子经济也大有发展"钱"途（前途）。从此，王新不但每年能收获水果，还能销售鲜竹笋呢。

　　王新的聪明、勤劳和成功启发了同村的农民，他们纷纷模仿王新的做法，也到山上承包土地，展开了"竹围梨"、"竹围桃"等各种生产活动。不久，村里的农民们也都慢慢地富起来了。这时候王新又想出了一个新主意。他对大家说，山下人多店多车多，很热闹，而山上与外界接触却很少，病菌传播也少，所以养鸡很合适。在王新的带动下，大家在山上养起了鸡。白天，他们把鸡放到竹林和果树林中，让鸡吃林中的各种昆虫，帮助果树和竹子消灭害虫，鸡粪还能变成有机肥料再来培育果树和竹子。果树和竹子长好了，又会引来很多昆虫，鸡就能得到美食，鸡粪又是有机肥料……这就是农作物学上说的食物链，良性循环。

王新在家乡大搞多种养殖经营，获得了可观的经济效益，可他并不满足于这点成就。去年，他向当地政府申请创办了一个"摘果抓鸡农家乐公司"，就是说每到果实成熟的季节，到山上来玩儿的游客可以自己到果树林里去摘果子，摘多少买多少；也可以亲自到养鸡场里去抓鸡，抓几只买几只。这样可以让游客真正体验到"收获"的快乐。果然，农家乐公司的这个游玩儿项目吸引了国内外很多游客，王新的生意越来越兴旺了。

词语表

基础词语

1	活儿	huór	【名】	work	
2	农业	nóngyè	【名】	agriculture	5
3	风土人情	fēngtǔ-rénqíng		local conditions and customs	6
4	从事	cóngshì	【动】	to be engaged in	5
5	表现	biǎoxiàn	【动】	to perform	5
6	感想	gǎnxiǎng	【名】	sentiment, thoughts	5
7	桔子	júzi	【名】	orange, tangerine	5
8	收获	shōuhuò	【动/名】	harvest	5
9	果实	guǒshí	【名】	fruit	5
10	冻	dòng	【动】	to freeze	5
11	成果	chéngguǒ	【名】	achievement	5
12	灰心	huī xīn		to lose heart	5
13	挡	dǎng	【动】	to keep off	5

14	前途	qiántú	【名】	future, prospect	5
15	笋	sǔn	【名】	bamboo shoot	
16	纷纷	fēnfēn	【副/形】	one after another	5
17	桃	táo	【名】	peach	5
18	外界	wàijiè	【名】	the external world	6
19	接触	jiēchù	【动】	to contact	5
20	传播	chuánbō	【动】	to spread	5
21	带动	dàidòng	【动】	to bring along	6
22	消灭	xiāomiè	【动】	to eliminate, to wipe out	5
23	培育	péiyù	【动】	to cultivate, to bread	6
24	可观	kěguān	【形】	considerable, sizable	6
25	满足	mǎnzú	【动】	to satisfy	5
26	成就	chéngjiù	【名】	achievement	5
27	抓	zhuā	【动】	to catch	
28	体验	tǐyàn	【动】	to experience	5
29	兴旺	xīngwàng	【形】	prosperous	6

拓展词语

1	承包	chéngbāo	【动】	to contract	6
2	亩	mǔ	【量】	*a unit of area*	
3	病菌	bìngjūn	【名】	bacteria, germs	
4	昆虫	kūnchóng	【名】	insect	6
5	害虫	hàichóng	【名】	pest	
6	鸡粪	jīfèn	【名】	chicken excrement	
7	肥料	féiliào	【名】	fertilizer	
8	农作物	nóngzuòwù	【名】	crop	
9	食物链	shíwùliàn	【名】	food chain	
10	良性循环	liángxìng xúnhuán		benign cycle	
11	养殖	yǎngzhí	【动】	to breed	
12	农家乐	nóngjiālè	【名】	agri-tourism	

语言点

❶ 可

助动词,"可+单音节动词"构成形容词,表示值得。常见的还有"可爱、可气、可怕、可怜、可笑、可敬、可亲"等。例如:

① 每到收获季节,树上挂满了桔红色和金黄色的果实,为王新带来了可喜的经济效益。
② 北京可看可玩儿的地方很多。
③ 这种假新闻真可笑,你不能当真。
④ 那位老先生是一位可敬的学者。

❷ 一来……,二来……

连接表原因或目的的分句,书面语常用"一则……,二则……"。例如:

① 一来竹子不怕冻,可以为果树挡寒,二来竹子经济也大有发展"钱"途(前途)。
② 跑步的好处是:一来可以增强体质,二来又可以减肥。
③ 一起去参加这个舞会吧!一来放松一下自己,二来能认识些新朋友。
④ 这家公司一来缺乏必要的资金,二来缺少相关的技术,所以目前他们还不能发展这个项目。

❸ 大有

"大有+名词",表示有很多。常见的有"大有发展、大有前途、大有进步、大有收获、大有好处、大有希望"等。例如:

① 一来竹子不怕冻,可以为果树挡寒,二来竹子经济也大有发展"钱"途(前途)。
② 跟名师学习了一年后,这孩子的钢琴水平大有进步。
③ 要多读一些课外书,这对扩大你们的知识面大有好处。
④ 去西安旅行之后,山本感到大有收获,他了解了不少中国古代的历史文化。

❹ 纷纷

(1)副词,表示许多人或事物接二连三地。例如:

① 王新的聪明、勤劳和成功启发了同村的农民,他们纷纷模仿王新的做法,也到山上承包土地。
② 同学们纷纷报名参加学校的春季运动会。
③ 在新闻发布会上,记者们纷纷向发言人提问这次特大火灾的处理情况。

④ 日本福岛发生大地震后，各国人民纷纷为福岛受灾的百姓捐款。

（2）形容词，形容言论或下落的东西多而杂乱。例如：

① 对公司的这个决定，大家都议论纷纷，意见不同。
② 秋天来了，天气凉了，街道上落叶纷纷。
③ 每年冬天，她都会想起北方那大雪纷纷的美景。
④ 樱花纷纷飘落，漫天飞舞。

❺ 搞

动词，表示用时较长、较为复杂地做、从事（某件事）。根据宾语的内容，可解释为不同的动词。一般用于口语。例如：

① 王新在家乡大搞多种养殖经营，获得了可观的经济效益。
② 他的父亲是搞建筑设计的。
③ 我的电脑键盘被孩子搞坏了。
④ 你把我都搞糊涂了，我不明白这到底是怎么回事。

❻ 满足　满意

满足

（1）动词，表示因为达到了自己的目标，感到已经足够了。带宾语时，"满足"后可带"于"。例如：

① 王新在家乡大搞多种养殖经营，获得了可观的经济效益，可他并不满足于这点成就。
② 他的薪水已经非常高了，可是他还不满足，又要换公司。
③ 只要我的家人身体健康，心情愉快，我就很满足了。
④ 他似乎永远不满足于现状，总是要求自己做得好上加好。

（2）动词，表示符合，与之一致。常跟"条件、要求、需求、愿望"搭配。

① 当空姐有很多条件，刘丽不满足身高条件，没被录取。
② 这家超市的经营策略之一是最大程度地去满足顾客的需求。
③ 为了满足留学生的学习需要，我们学院开设了几个自习教室。
④ 大家的愿望，我们会尽量满足的。

满意

动词，表示感到符合自己的心意，没意见。例如：

① 大家对那个饭店的环境和服务都很满意。
② 老板不太满意小李的工作。

③ 在这次网球比赛中，小李的表现让教练很满意。
④ 这次手术取得了令人满意的结果。

 辨析 "满足" 和 "满意"

"满足"表示没有更高的要求，对现有的感到已经足够了。"满意"只是对现状感到符合心意，不确定是否感到足够。例如：

① 我不想买名车，只要有辆普通的二手车，我就满足了。
② 他们的产品价廉物美，客户感到很满意。

练习

一 选词填空

体验　从事　前途　良性循环　风土人情　农业　感想　成果

1. 安娜去中国云南旅游了一次，她非常喜欢那里的（　　）。
2. 中国的（　　）生产非常重要，它关系到十几亿人的吃饭问题。
3. 学习电子专业很有（　　）。
4. 苏珊大学毕业后，在电视台（　　）新闻工作。
5. 这个暑假我想带孩子一起去（　　）一下农村的生活。
6. 到中国学习这半年多来，大家有什么（　　）？
7. 最近美国科学家对于干细胞的研究取得了新（　　），发表在最近一期的《自然与科学》杂志上。
8. 果树和竹子长得好，会引来大量昆虫。昆虫多了，鸡就能得到美食，鸡粪又成为有机肥料，这就是（　　）。

二 连线

消灭　　可观
生意　　兴旺
收入　　害虫
传播　　农田
承包　　病菌
收获　　外界
接触　　肥料
有机　　果实

三 模仿造句

1. <u>一来</u>竹子不怕冻，可以为果树挡寒，<u>二来</u>竹子经济也大有发展"钱"途（前途）。

   现在我常常在网上购物 / 价格便宜 / 送货上门
   老刘每天都去打太极拳 / 他觉得好处很多 / ……
   王经理下周要去北京 / ……

2. 一来竹子不怕冻，可以为果树挡寒，二来竹子经济也<u>大有</u>发展前途。

   常喝花茶 / 对身体 / 好处 / 比如可以减轻疲劳
   李明又聪明又好学 / 老师们都认为……
   参观了这次农业展览会 / ……

3. 王新的聪明、勤劳和成功启发了同村的农民，他们<u>纷纷</u>模仿王新的做法，也到山上承包土地。

   随着气温的升高 / 草莓、樱桃等水果 / 上市了
   对这个热门话题 / 大家很感兴趣 / ……
   火车一到站 / ……

4. <u>在</u>王新<u>的带动下</u>，大家在山上养起了鸡。

   女朋友 / 大卫 / 加入了环保志愿者的行列
   邻居 / 我父母 / 参加 / ……
   同事 / 我……

5. 王新在家乡大<u>搞</u>多种养殖经营，获得了可观的经济效益。

   他父母 / 教育工作 / 从小对他要求就比较高
   这个语法太难 / 老师讲了半天 / 学生们……
   他们两个人长得很像 / ……

6. 王新在家乡大搞多种养殖经营，获得了<u>可观</u>的经济效益，可他并不满足于这点成就。

   他成立了自己的公司 / 短短一年时间 / 获得 / 利润
   林风年薪25万人民币 / 对刚毕业的大学生来说 / ……
   这个地方发展旅游经济 / ……

7. 王新在家乡大搞多种养殖经营，获得了可观的经济效益，可他并不满足于这点成就。

> 他对自己要求很高 / 从不 / 已经获得的成绩
> 今天的考试太难了 / 只要能得60分……
> 最近市场需求非常大 /……

8. 每到果实成熟的季节，到山上来玩儿的游客，可以自己到果树林里去摘果子，摘多少买多少；也可以亲自到养鸡场里去抓鸡，抓几只买几只。

> 父母不在家的时候 / 我觉得特别自由 / 想玩儿 / 就玩儿
> 这次的作文题目 / 同学们可以自己决定 /……
> 今天我请客 / 大家……

四 完成句子

1. 在大家的共同努力下，_____。（可喜）
2. 在中国学习汉语最好，_____。（一来……，二来……）
3. 跟老师学习了一年跳舞以后，_____。（大有……）
4. 听说日用品也要涨价了，_____。（纷纷）
5. _____，小刘也参加了公司的乒乓球队。（在……的带动下）
6. 快点儿睡吧！如果长期缺乏睡眠，_____。（搞）
7. 我对饮食的要求不太高，_____。（满足）
8. 点菜时不要点太多，_____。（多少……多少）

五 改错

1. 听说这次比赛你得了第一，真是可喜悦可祝贺啊！

2. 我经常自己做饭。自己做饭，第一个便宜，第二个方便。

3. 玛丽来中国学习两年以后，汉语有大进步，现在能够比较流利地会话了。

4. 对公司将开始的新项目，纷纷员工们给出了自己的建议。

5. 在刘教授的拉动下，一些年轻的老师工作积极性很高。

6. 大卫是个直率的人，心里有什么就说那个。

7. 刘强对他现在住的房子不太满足，房租贵，上班又远，所以他准备搬家。

8. 星期六，朋友邀请我们一起吃晚饭，就我们于是答应了。

六 排序

1. A 于是，大卫在农村住了两个月
   B 中国农村的风土人情，尤其是农民们在从事农业生产中表现出来的智慧，给他留下了深刻印象
   C 今年暑假，王新邀请大卫去他的家乡玩儿

2. A 在困难面前，王新没有灰心，没有放弃，而是抬起头来重新干
   B 辛辛苦苦积累下来的成果一下子全没了
   C 可是没想到，几年前，一场大雪把果树都冻死了

3. A 后来，王新不但每年能收获水果，还能销售鲜竹笋
   B 一来竹子不怕冻，可以为果树挡寒，二来竹子经济也大有发展"钱"途（前途）
   C 他在种下果树后，又在果树的外围种下了竹子

4. A 他们纷纷模仿王新的做法，也到山上承包土地
   B 王新的聪明、勤劳和成功启发了同村的农民
   C 然后展开了"竹围梨"、"竹围桃"等各种生产活动

5. A 可他并不满足于这点儿成就
   B 王新在家乡大搞多种养殖经营，获得了可观的经济效益
   C 去年，他向当地政府申请创办一个"摘果抓鸡农家乐公司"，让游客体验"收获"的快乐

七 根据课文内容判断正误，对的打√，错的打 ✗

1. 王新是从美国毕业回国的农业博士。
2. 王新的家乡是上海。
3. 王新承包果树山以后，果树的经济效益每年都很好。
4. 王新在果树周围种竹子，是为了更好地利用土地。
5. 因为王新，同村的很多农民也都渐渐地富起来了。
6. 王新在山上养鸡的好处之一是山上病菌少，鸡的成活率高。
7. 王新的多种养殖经营，成本很高，没有获得很好的经济效益。
8. 王新去年创办了"农家乐"的旅游项目，是因为养鸡、种植水果利润不高。

八 复述

王新是怎样在农村发展他的事业的？可参考下面的小标题复述。

- 种果树
- 种竹子
- 在山上养鸡
- 开发"农家乐"旅游

九 表达

你来扮演报社的记者，你打算采访一些外籍人士关于外国人对于当前中国农村面貌和农民生活现状的看法。采访对象需来自不同国家，至少有三位。你计划采访结束后向报社交一份报告。下面是一些问题，你可以再准备一些你感兴趣的问题。

1. 你去过中国的农村吗？说说你的经历以及那里给你留下的印象和感受。
2. 在你们国家的农村地区，人们一般的生活方式是怎样的？和中国农民的生活有哪些明显的不同？

干农活儿要动脑筋

河北农村有种大葱的习惯。以前一直用传统的种法，就是上茬种小麦，下茬种大葱，一亩地每年能收入2000元左右。这两年有的农民改进了这种种法，他们把上茬种小麦改为种土豆，下茬仍然种大葱。这个小小的变化，却使得每亩效益翻了一番，达到了4000元左右。这个改革措施成为当地农民增加收入的一个亮点。那"上茬土豆，下茬大葱"怎么种呢？

第一步，提前一个月把土豆种子暖好，催它发芽。在惊蛰前后播种。播前需要给土地施肥，把地整得厚薄均匀，大行间隔的距离是80厘米，小行是40厘米。土豆种子播进土里后，要盖上塑料膜。

第二步，土豆出苗后，要及时破膜放苗。出苗出到80%左右时浇一些水，再施少量肥。土豆生长过程中，要常常翻动土地，这样可以提高地温。到了土豆开花后，就进入迅速成长的关键时期，应经常浇点儿水，还要施各种肥料。同时还应注意病虫害的问题，要选用一些对人体无害的农药防治病虫害。到5月中旬6月上旬，土豆就可以收获了。

第三步，收完了土豆赶紧整地、施肥，然后把大葱种下去。气温高时大葱生长比较慢，不需要浇太多水。立秋后天气变凉，大葱开始旺盛生长，此时应及时浇水施肥。大葱一般在霜降以后可陆续收获。如果打算贮藏干葱，可适当晚收。

词语表

基础词语

1	脑筋	nǎojīn	【名】	brain	
2	小麦	xiǎomài	【名】	wheat	5
3	土豆	tǔdòu	【名】	potato	5
4	措施	cuòshī	【名】	measure	5
5	番	fān	【量】	turn, time	6
6	亮点	liàngdiǎn	【名】	highlight	
7	催	cuī	【动】	to urge	5
8	前后	qiánhòu	【名】	around	
9	土地	tǔdì	【名】	land	5
10	均匀	jūnyún	【形】	uniform, even	5
11	行	háng	【量】	row, line	
12	间隔	jiàngé	【动/名】	to be at a distance from; interval	6
13	膜	mó	【名】	film	6
14	浇	jiāo	【动】	to pour liquid on	5
15	迅速	xùnsù	【形】	rapid	5
16	防治	fángzhì	【动】	to prevent and cure	6
17	中旬	zhōngxún	【名】	the middle ten days of a month	5
18	上旬	shàngxún	【名】	the first ten days of a month	
19	旺盛	wàngshèng	【形】	vigorous	
20	贮藏	zhùcáng	【动】	to store	
21	适当	shìdàng	【形】	suitable, appropriate	

拓展词语

1	大葱	dàcōng	【名】	scallion
2	茬	chá	【量】	batch
3	产量	chǎnliàng	【名】	output, yield
4	发芽	fā yá		in bud
5	惊蛰	jīngzhé	【名】	waking of insects
6	播种	bō zhǒng		to seed
7	施肥	shī féi		to fertilize
8	苗	miáo	【名】	sprout
9	病虫害	bìngchónghài	【名】	plant disease and insect pests
10	农药	nóngyào	【名】	farm chemical
11	立秋	lìqiū	【名】	begining of autumn
12	霜降	shuāngjiàng	【名】	frost's descent

专有名词

河北	Héběi		name of a province

思考题

1. 过去河北农村一般是怎么种大葱的？
2. 现在在河北农村，一些农民用什么新方式种大葱？
3. 新的种植方法有什么好处？
4. 按照当地农民的新种植方法，土豆要什么时候播种？什么时候能够收获？
5. 按照种植大葱的新方法，大葱应该什么时候播种？什么时候可以收获？
6. 你有没有干农活儿的经验？如果有的话，给大家介绍一下。

8 什么是创造

课文

清朝末年,在今天的上海闸北区有一家水果店,老板姓于,生意一直不错。有一年,于家把50箱梨从山东莱阳运送到上海。原来想赚一大笔钱,可因为山东距离上海太远,运输途中梨皮被颠破了,再被雨一淋,运到店里就开始腐烂,不管怎么晾、晒或削皮,都卖不出去,于老板为此很发愁。

于家对门有个小店,卖小吃和点心。店主是夫妻二人,见于家扔掉了大堆烂梨,就拾过来削去皮,挖掉烂洞,一尝很甜。于是他们就把烂梨全部买下,削皮挖洞后放进锅里熬成梨汁,制成了梨膏糖。冬春两季树上的梨还没成熟,人们就来买梨膏糖吃。

后来,梨膏糖被人带到北京献给了慈禧太后。慈禧当时正咳嗽,吃了一段时间后竟然不咳了,便传下命令叫夫妻俩每年进贡梨膏糖。这一来,夫妻俩的生意做大了,他们开了一家梨膏糖店,梨膏糖后来就成了南方的著名特产。

这就是创造。有时候创造并不复杂,也不一定有什么奥秘,创造就是以新的方式改造旧的事物。

1859年,美国宾夕法尼亚州发现了石油,大家都找到了工作机会,而化学家切森堡却失业了。可他不但不伤心,反而兴致勃勃地跑到宾州油田,想看看石油到底有什么了不起的功能。善于观察事物的他很快发现,油田的工人们喜欢收集钻井台边上一种黑乎乎的胶水,据说把它涂在受伤的皮肤上,能加快伤口愈合的速度。切森堡拿了一点儿回去化验,得知这是一种高分子碳氢化合物。

经过多次试验，切森堡找到了提纯的方法。最后他得到了一种无色透明、无异味、不溶于水的胶状物质，而且所有常见的化学物质都不会和它起化学反应。切森堡故意在自己的腿上割了一刀，然后把这胶状物涂了上去，结果，伤口很快愈合了。1870年，切森堡向美国专利局申请了专利，把这种胶状物命名为"凡士林"。由于凡士林的护肤效果极好，男女老少都可以用，便迅速在美国流行开来。到今天为止，廉价的凡士林仍然是全世界使用最多、性价比最高的护肤品。

这就是创造。有时候创造并不神秘，也并不那么抽象，创造就是以新的方式改造旧的事物。

词语表

基础词语

1	运输	yùnshū	【动】	to transport	5
2	颠	diān	【动】	to jolt	
3	淋	lín	【动】	to pour, to sprinkle	6
4	腐烂	fǔlàn	【动】	to rot, to become putrid	6
5	晾	liàng	【动】	to dry in the sun	6
6	削	xiāo	【动】	to pare (peel) with a nife	
7	发愁	fā chóu		to be anxious	5
8	小吃	xiǎochī	【名】	snack	5
9	堆	duī	【量】	pile	5
10	拾	shí	【动】	to pick up, to collect	6
11	熬	áo	【动】	to decoct, to stew	6
12	命令	mìnglìng	【名/动】	order; to command	5
13	进贡	jìn gòng		to pay tribute to (emperor)	
14	奥秘	àomì	【名】	profound mystery	6
15	改造	gǎizào	【动】	to transform, to remake	
16	事物	shìwù	【名】	thing	5

17	失业	shī yè		out of work	5
18	兴致勃勃	xìngzhì bóbó		in high spirits, with gusto	6
19	了不起	liǎobuqǐ	【形】	amazing, terrific, extraordinary	5
20	善于	shànyú	【动】	to be good at	5
21	胶水	jiāoshuǐ	【名】	glue	5
22	愈合	yùhé	【动】	to heal	
23	化验	huàyàn	【动】	to assay, to test	6
24	试验	shìyàn	【动】	to test	6
25	透明	tòumíng	【形】	transparent	5
26	溶	róng	【动】	to dissolve	
27	割	gē	【动】	to mow, to skive	6
28	专利	zhuānlì	【名】	patent	6
29	命名	mìng míng		to name, to denominate	6
30	廉价	liánjià	【形】	cheap	
31	神秘	shénmì	【形】	mysterious	5
32	抽象	chōuxiàng	【形】	abstract	5

拓展词语

1	梨膏糖	lígāotáng	【名】	sugar made in pear cream
2	钻井台	zuànjǐngtái	【名】	drilling platform
3	高分子	gāofēnzǐ	【名】	high polymer
4	碳氢化合物	tànqīng-huàhéwù	【名】	hydrocarbon
5	提纯	tíchún	【动】	to purify
6	凡士林	fánshìlín	【名】	vaseline
7	性价比	xìngjiàbǐ	【名】	ratio of performance and price
8	化学反应	huàxué fǎnyìng		chemical reaction

专有名词

1	清朝	Qīngcháo	Qing Dynasty
2	闸北区	Zháběi Qū	Zhabei District
3	山东	Shāndōng	name of a province
4	莱阳	Láiyáng	name of a place
5	慈禧太后	Cíxǐ tàihòu	the Empress Dowager Cixi
6	宾夕法尼亚州	Bīnxīfǎníyà Zhōu	Pennsylvania State
7	切森堡	Qièsēnbǎo	Cheesebrough, name of a person
8	美国专利局	Měiguó Zhuānlìjú	United State Patent Office

语言点

1 为此

表示因为这一原因或为了这一目的，后面引出事情的结果。用于书面语。例如：

① 运输途中梨皮被颠破了，再被雨一淋，运到店里就开始腐烂，不管怎么晾、晒或削皮，都卖不出去，于老板为此很发愁。

② 我们班的合唱节目获得了全校一等奖，同学们为此高兴极了。

③ 已经学了一年多汉语了，大卫的听力还是不太好，他为此非常苦恼。

④ 怎样才能使女儿的的数学成绩进一步提高呢？为此，我特意去向李老师请教。

2 这一来

用来连接句子，表示前面出现某种情况，会带来后面的结果。也可以说"这样一来"、"如此一来"。例如：

① 慈禧传下命令叫夫妻俩每年进贡梨膏糖。这一来，夫妻俩的生意做大了。

② 上海今年又增设了三条地铁线，这一来，人们的出行就更方便了。

③ 他知道自己被好朋友骗了，这一来，他更生气了。

④ 本来今天能写完这个报告，可是电脑突然坏了，这一来，今天完不成报告了。

3 动词 + 成

表示完成动作后，动作的对象发生了变化。后面必须带宾语，常用句型为"把 +A+ 动词 + 成 +B"。例如：

① 于是他们就把烂梨全部买下，削皮挖洞后放进锅里熬成梨汁，制成了梨膏糖。

② 请把这段英语翻译成汉语。
③ 做炒土豆丝，先要把土豆切成丝。
④ 安娜把她的长头发剪成了可爱的短发。

❹ 不但（不/没）……，反而……

"不但"后一般为否定意义。"反而"后的分句表示与前分句意思相反或跟说话人想的不一样。例如：

① 他不但不伤心，反而兴致勃勃地跑到宾州油田，想看看石油到底有什么了不起的功能。
② 雨不但没停，反而越下越大了。
③ 这样做不但解决不了问题，反而使问题更加复杂了。
④ 只要时间安排合理，参加课外兴趣小组不但不会影响学习，反而能促进学习。

❺ 善于

表示在某方面具有特长，水平较高，后跟动词。也可以说"擅长"。例如：

① 善于观察事物的他很快发现，油田的工人们喜欢收集钻井台边上一种黑乎乎的胶水。
② 我们要善于学习别人的优点，弥补自己的不足。
③ 她很善于和孩子打交道，所以孩子们都喜欢她。
④ 这个乒乓球运动员善于用左手打球。

❻ 据说

表示根据别人的说法或传言，用于句首。例如：

① 油田的工人们喜欢收集钻井台边上一种黑乎乎的胶水，据说把它涂在受伤的皮肤上，能加快伤口愈合的速度。
② 据说日用品马上就要涨价了。
③ 据说只要进了这所高中，就一定能考上大学。
④ 据说这里要建一座亚洲最大的百货商场。

❼ 由于

（1）连词，表示原因，用在前分句中。常与"所以、因此、因而"等搭配。一般用于书面语。例如：

① 由于凡士林的护肤效果极好，男女老少都可以用，便迅速在美国流行开来。
② 由于人口众多，中国平均每人只有三亩耕地。

③ 由于交通非常落后，所以这个地区的经济发展一直很缓慢。
④ 他由于工作太忙，平时没有多少时间陪孩子玩儿。

（2）介词，表示原因或理由。后跟名词宾语。例如：

① 由于工作关系，我认识了张东。
② 由于健康原因，王亮同学休学了一年。
③ 由于天气的原因，这班飞机晚点了。
④ 比赛由于种种原因被取消了。

练习

一 选词填空

试验　兴致勃勃　了不起　性价比　改造　化学反应　溶　失业

1. 凡士林是一种不（　　）于水、无色透明的物质。
2. 经过无数次（　　），他终于成功了。
3. 学院要组织留学生去北京旅行，史密斯立即（　　）地报名了。
4. 通过对老宿舍楼进行（　　），学生们的住宿条件得到了很大改善。
5. 最近，我的同事买了一辆（　　）很高的汽车，他非常满意。
6. 如果把牛奶和橙汁混在一起，会发生（　　）。
7. 由于销售情况不好，苏宁电器上半年已关闭了74家分店，很多职员因此（　　）了。
8. 这位美国同学获得了全国汉语大赛的二等奖，真（　　）！

二 连线

伤口　　　运输
长途　　　愈合
化验　　　观察
善于　　　血液
透明　　　人物
神秘　　　物质
抽象　　　商品
廉价　　　事物

三 模仿造句

1. 运输途中梨皮被颠破了,再被雨一淋,运到店里就开始腐烂,不管怎么晾、晒或削皮,都卖不出去,于老板<u>为此</u>很发愁。

   > 这家公司准备将产品打入中国市场 / 他们做了大量的市场调查和研究
   > 李刚最喜欢物理学 / 报考大学的时候……
   > 她老是觉得自己有点儿胖 / ……

2. 慈禧传下命令叫夫妻俩每年进贡梨膏糖。<u>这一来</u>,夫妻俩的生意做大了。

   > 小陈突然辞职了 / 他们部门的工作受到了一些影响
   > 现在中秋、端午变成了法定假日 / 休假时间……
   > 上海和北京之间开通了高速火车 / ……

3. 于是他们就把烂梨全部买下,削皮挖洞后放进锅里熬成梨汁,制<u>成</u>了梨膏糖。

   > 面粉 / 能做 / 面包、馒头、面条儿等各种食品
   > 做土豆牛肉时 / 牛肉和土豆 / 切……
   > 水在温度到了零度以下时 / ……

4. 他<u>不但</u>不伤心,<u>反而</u>兴致勃勃地跑到宾州油田,想看看石油到底有什么了不起的功能。

   > 爸爸 / 不反对 / 鼓励我要抓住这次机会
   > 没想到 / 听完事情经过后 / 他的女朋友……
   > 天气预报说今天会下雨 / 可是……

5. 油田的工人们喜欢收集钻井台边上一种黑乎乎的胶水,<u>据说</u>把它涂在受伤的皮肤上,能加快伤口愈合的速度。

   > "梨膏糖"这种小吃 / 创始于清朝末年的上海
   > 他家的老房子 / ……300 年的历史
   > 吃了这种药 / ……

6. <u>由于</u>凡士林的护肤效果极好,男女老少都可以用,便迅速在美国流行开来。

   > 天气太热 / 卖不掉的蔬菜开始腐烂了
   > 越来越多的人在网上买书 / 传统书店……
   > 公司经济效益差 / ……

7. <u>善于</u>观察事物的他很快发现，油田的工人们喜欢收集钻井台边上一种黑乎乎的胶水。

> 一项研究表明 / 与人交往的人 / 更长寿
> 成功的推销员 / 推销商品时……
> 他从来不浪费时间 /……

8. <u>到</u>今天<u>为止</u>，廉价的凡士林仍然是全世界使用最多、性价比最高的护肤品。

> 8月10日 / 在第30届伦敦奥运会上 / 中国队已获得了37块金牌
> 手术进行了两个多小时 / 目前 / 病人的情况……
> 刘冰寄了很多求职信 / 可是……

四 完成句子

1. 他对中国书法很感兴趣，＿＿＿＿＿＿＿＿＿＿＿＿＿＿＿＿＿＿。（为此）
2. 去年，上海和北京之间开通了高速火车，＿＿＿＿＿＿＿＿＿＿＿。（这一来）
3. 几年不见，这个地方发生了很大的变化，＿＿＿＿＿＿＿＿＿＿＿。（V+成）
4. ＿＿＿＿＿＿＿＿＿＿＿＿，人类还没有找到战胜艾滋病的良药。（到……为止）
5. 我今天出发很早，可是因为地铁晚点，＿＿＿＿＿＿＿＿＿＿＿＿＿＿。
   （不但……，反而……）
6. A：你认为什么样的领导是好领导呢？
   B：＿＿＿＿＿＿＿＿＿＿＿＿＿＿＿＿＿＿＿＿＿＿＿＿。（善于）
7. A：你为什么这么喜欢喝中国的茉莉花茶呀？
   B：＿＿＿＿＿＿＿＿＿＿＿＿＿＿＿＿＿＿＿＿＿＿＿＿。（据说）
8. A：李冬的病怎么样了？
   B：＿＿＿＿＿＿＿＿＿＿＿＿＿＿＿＿＿＿＿＿＿＿＿＿。（由于）

五 改错

1. 切森堡把这种东西名字为"凡士林"。

2. 小刘的母亲得了重病，为此照顾好母亲，她向公司请了一个多月的假。

3. 王新在果树外围种了竹子，这样来说，他每年还能收获鲜竹笋呢。

4. 大卫写错了一个汉字，他把"太"写"大"了。

5. 没想到用了这种化妆品后，皮肤不但变白，反而发炎了。

6. 根据有人说，这个房产公司的大老板以前是一个军人。

7. 爷爷现在记忆力不太好了，视力也差了，由于年纪大了。

8. 推销产品，要善于顾客的心理。

六 排序

1. A 原来想赚一大笔钱，可因为山东距离上海太远，梨子运到上海后就开始腐烂
   B 有一年，于家把50箱梨从山东运送到上海
   C 于老板为此很发愁

2. A 小吃店的夫妻见于家扔了一大堆烂梨，就拾回来削皮挖洞，一尝很甜
   B 于家对门有个小吃店
   C 于是他们把烂梨都买下来了

3. A 这一来，夫妻俩的生意做大了
   B 慈禧当时正咳嗽，吃了一段时间后竟然不咳了，便命令夫妻俩每年进贡梨膏糖
   C 梨膏糖被人带到北京献给了慈禧太后

4. A 可是他不但不伤心，反而兴致勃勃地跑到宾州油田，了解石油的功能
   B 宾夕法尼亚州发现了石油，工作的机会多了
   C 而化学家切森堡却失业了

5. A 由于凡士林的护肤效果极好，男女老少都可以用
   B 到今天为止，凡士林仍然是全世界使用最多，性价比最高的护肤品
   C 于是凡士林便迅速在美国流行开来

七 根据课文内容判断正误，对的打√，错的打 ×

1. 清朝以前，梨膏糖就是南方有名的特产。
2. 梨膏糖是在上海诞生的。
3. 梨膏糖是用最好的梨子制成的。
4. 慈禧太后很喜欢吃梨膏糖。
5. 创造都是既复杂又高深的。
6. 切森堡一开始去宾州油田是为了找工作。
7. 凡士林这种化学物质是切森堡命名的。
8. 凡士林是全世界使用最多、最廉价的护肤品。

八 复述

1. 说说关于梨膏糖来历的故事，请使用下列词语。

   运输　颠　淋　烂　发愁　拾
   削　挖　熬　献　命令　进贡

2. 说说"凡士林"诞生的故事，可参考下面的提示。
   - 1859 年美国宾夕法尼亚州发现了石油
   - 化学家切森堡的发现
   - 切森堡成功地找到了提纯方法
   - 1870 年切森堡申请了专利、进行了命名

九 表达

请课前查阅资料，了解你们国家一种有名的小吃或菜肴的来历。上课时，四人一组，互相介绍这种小吃或菜肴的来历，每人介绍约 5 分钟。课后提交一篇小作文。

副课文

趣谈凡士林

美国化学家切森堡发明了凡士林，这是一种使伤口加速愈合的胶状物质。他申请到了专利，并成立了自己的公司，开始推销凡士林，可是没人相信这东西真的有效，一直卖不出去。

怎么办呢？一天，切森堡看到了卖蛇油的商人，他们带着蛇油到处跑，每到一个地方便展示蛇油的效果，宣传它的用途。他得到了启发，立即装满了一车凡士林，亲自拉着车到处去"表演"：当着众人的面，用刀把自己割伤，或用火烧伤自己的皮肤，然后自信地涂上凡士林，并向大家展示几天前愈合的伤口。这个方法果然很有效，凡士林很快就家喻户晓，切森堡也发财了。

凡士林引起了科学家们的研究兴趣，但他们发现凡士林里除了碳氢化合物之外，其他什么也没有。那么它能愈合伤口的秘密是什么呢？原来凡士林胶状物不溶于水，涂了以后可以保持皮肤湿润，提高皮肤自身的恢复能力。其实凡士林并没有杀菌的功能，但它能阻挡空气中的细菌与皮肤接触，从而降低了被感染的可能性。"不溶于水"和"隔离空气"就是凡士林的药用秘密。而凡士林对任何皮肤都没有刺激作用，所以，妈妈们喜欢在婴儿屁股上涂一层凡士林，避免湿尿布长期接触皮肤而引起湿疹。

2007年4月，英国《每日电讯报》刊登了一封读者来信，有位女士用凡士林消除了腿上的两个疤痕，还去掉了脸上的一颗黑痣。这封信刊登后的一周内，《每日电讯报》收到了无数读者来信，大家纷纷写出自己使用凡士林的体会，有的说可以护肤，有的说可以止鼻血，还有的说可以消除牛皮癣等等，应有尽有。如果切森堡还活着的话，一定会说："我早就告诉过你们，凡士林是万能药。"

词语表

基础词语

1	成立	chénglì	【动】	to set up	5
2	蛇	shé	【名】	snake	5
3	商人	shāngrén	【名】	businessman	
4	用途	yòngtú	【名】	use	5
5	自信	zìxìn	【形】	confident	5
6	发财	fā cái		to get rich, to make a fortune	6
7	秘密	mìmì	【形/名】	secret	5
8	杀	shā	【动】	to kill	5
9	阻挡	zǔdǎng	【动】	to block, to obstruct	
10	细菌	xìjūn	【名】	bacteria	6
11	感染	gǎnrǎn	【动】	to infect	6
12	隔离	gélí	【动】	to insulate	6
13	刺激	cìjī	【动】	to stimulate	5
14	屁股	pìgu	【名】	hip, bottom	6
15	尿布	niàobù	【名】	napkin	
16	刊登	kāndēng	【动】	to publish	6
17	无数	wúshù	【形】	countless	5
18	应有尽有	yīngyǒu-jìnyǒu		to have everything that one expects to find	

拓展词语

1	湿疹	shīzhěn	【名】	eczema
2	疤痕	bāhén	【名】	scar
3	痣	zhì	【名】	mole
4	牛皮癣	niúpíxuǎn	【名】	psoriasis

专有名词

| 每日电讯报 | Měirì Diànxùnbào | *Daily Telegraph* |

思考题

1. 最初凡士林在市场上的销售情况好不好？为什么？
2. 凡士林的销路是怎么打开的？
3. 凡士林由什么组成？
4. 凡士林能够愈合伤口的秘密是什么？
5. 《每日电讯报》的读者认为凡士林有哪些功能？
6. 你用过凡士林吗？什么情况下使用？你认为它有什么功效？

9 汽车仪表盘的过去、现在与未来

课文

当你坐进驾驶位时，第一眼看到的就是仪表盘吧？驾驶过程中你最常看的，也是仪表盘吧？仪表盘一般都设在驾驶者的眼皮底下、方向盘的前面，便于驾驶者看到仪表盘上的数据和信息。别看仪表盘"个子"不大，小身材却有大作用。小小的仪表盘能反映发动机的转速、时速、里程、燃油、水温以及百公里油耗等内容。

不过，你知道最早的汽车仪表盘是什么样儿的吗？最初，仪表盘只能给驾驶者提供少量的速度和油耗等信息，而且大多使用简单的指针和罗盘来显示，夜间看仪表盘也很不方便。现在，这种样式的仪表盘早已被淘汰了，因为它远远不能满足现代汽车新技术、高速度的要求。那么，现代汽车的新款仪表盘有些什么特色呢？让我们通过下面两个例子来说明吧！

上海大众POLO这款车型的仪表盘设计简单实在，左右两边的转速表与时速表一目了然。油箱表与水温表位置很明显，可以随时了解车辆的燃油和水温情况。但由于这款车型没有配备行车电脑，所以仪表盘中间的功能显示区域比较空，只能反映简单的车辆信息。

北京现代i30的仪表盘看上去与上海大众POLO的很相似，小小的区别只是在转速表与时速

表上增加了银色装饰，看起来更加突出、更加清楚，减轻了驾驶者的视觉疲劳。不过仔细观察的话，你会发现仪表盘中央的液晶屏很大，行车电脑显示的信息很丰富。通过这个显示屏，驾驶者可以随时了解到车辆的时速、剩余油量、水温、定速巡航指示、行驶里程指示的相关信息，并掌握车外温度、剩余的行驶里程、平均燃油消耗、平均速度等信息的提示。毫无疑问，这种数字显示功能的仪表盘突出了现代感。

未来的汽车仪表盘将是什么样式的呢？随着高级汽车上的电子设备越来越多，车上需要处理的信息也越来越多，因此模拟仪表盘的功能已经不能满足需要，数字化仪表盘的使用将是大势所趋。数字化仪表盘的最大优势在于信息容量增加了。仪表盘将成为整辆车的信息中心、控制中心，使汽车驾驶变得更加安全可靠，并且便于维修检测。更人性化的是，数字化仪表盘可以为消费者提供定制服务。可以肯定，随着电子技术的迅速发展，特别是计算机技术的广泛应用，汽车仪表盘正向数字化和智能化方向发展。

词语表

基础词语

1	驾驶	jiàshǐ	【动】	to drive	5
2	便于	biànyú	【动】	to be easy to	6
3	身材	shēncái	【名】	stature, figure	5
4	样式	yàngshì	【名】	style, pattern, mode	5
5	淘汰	táotài	【动】	to eliminate through selection or contest	6
6	款	kuǎn	【量】	kind, type	6
7	特色	tèsè	【名】	characteristic, trait	6
8	一目了然	yīmù-liǎorán		to be clear at a glance	6
9	随时	suíshí	【副】	at all times	5
10	配备	pèibèi	【动】	to equip with	6
11	区域	qūyù	【名】	region, area	6
12	相似	xiāngsì	【形】	similar, alike	5

13	银色	yínsè	【名】	silvery
14	视觉	shìjué	【名】	vision
15	指示	zhǐshì	【名/动】	directive; to indicate	6
16	掌握	zhǎngwò	【动】	to grasp, to master	5
17	行驶	xíngshǐ	【动】	to drive
18	提示	tíshì	【动】	to clue, to hint	6
19	毫无	háo wú		not in the least	6
20	疑问	yíwèn	【名】	query, question	5
21	未来	wèilái	【名】	future	5
22	设备	shèbèi	【名】	equipment	5
23	处理	chǔlǐ	【动】	to handle, to deal with	5
24	模拟	mónǐ	【动】	to simulate
25	大势所趋	dàshì-suǒqū		the general trend of development, an irresistable trend
26	优势	yōushì	【名】	advantage	5
27	容量	róngliàng	【名】	capacity	5
28	可靠	kěkào	【形】	reliable	5
29	维修	wéixiū	【动】	to maintain	6
30	检测	jiǎncè	【动】	to check, to test	5
31	广泛	guǎngfàn	【形】	wide	5
32	应用	yìngyòng	【动】	to apply	5

拓展词语

1	仪表盘	yíbiǎopán	【名】	dashboard
2	发动机	fādòngjī	【名】	engine
3	转速	zhuànsù	【名】	speed of revolution
4	里程	lǐchéng	【名】	mileage
5	燃油	rányóu	【名】	fuel
6	油耗	yóuhào	【名】	oil wear, fuel consumption
7	指针	zhǐzhēn	【名】	indicator, pointer
8	罗盘	luópán	【名】	compass

9	行车电脑	xíngchē diànnǎo		onboard computer
10	液晶屏	yèjīngpíng	【名】	LCD screen
11	定速巡航	dìngsù xúnháng		cruise in constant speed
12	人性化	rénxìnghuà	【动】	to humanize
13	定制服务	dìngzhì fúwù		customization service
14	数字化	shùzìhuà	【动】	to digitize
15	智能化	zhìnénghuà	【动】	to intelligentize

语言点

❶ 当……时

当：介词，正在，表示动作发生或状态出现的时间。"当"经常与"时"或"的时候"搭配，例如：

① 当你坐进驾驶位时，第一眼看到的就是仪表盘吧？
② 当新年的钟声敲响时，人们都欢呼起来："新年到了！"
③ 当他第一次登上长城时，他感到非常自豪和兴奋。
④ 当她想家的时候，常常会翻看家人的照片。

❷ 便于

表示比较容易（做某事），用于书面语。例如：

① 仪表盘一般都设在驾驶者的眼皮底下、方向盘的前面，便于驾驶者看到仪表盘上的数据和信息。
② 为了便于联系，请大家登记一下自己的通讯地址和电话。
③ 分类收集垃圾，便于对垃圾进行回收和利用。
④ 为了便于航天飞行员在飞船内更加自如地活动，科学家们对"神舟七号"飞船进行了独特的设计。

❸ 别看

连词，常与"但是、可是、却、倒"搭配。在前一分句中先承认某种情况，后一分句提出一个相反的情况。常用于口语。例如：

① 别看仪表盘"个子"不大，小身材却有大作用。
② 这款智能手机别看体积小，功能却很多。
③ 别看事情小，但是意义重大。
④ 别看他文化程度不高，可是修车非常专业。

❹ 远远

表示数量、水平、程度等差别很大。例如：

① 现在，这种样式的仪表盘早已被淘汰了，因为它远远不能满足现代汽车新技术、高速度的要求。
② 上海的人口远远比南京多。
③ 这个运动员的实力远远超过对手。
④ 事情的发展，远远超出了人们的想象。

❺ 随时

副词，表示在时间上没有限制，任何时候。例如：

① 油箱表与水温表位置很明显，可以随时了解车辆的燃油和水温情况。
② 用这款手机，可以随时看新闻，随时收电子邮件。
③ 有什么问题，大家可以随时来问我。
④ 幼儿最好动，如果大人不注意看护，随时都可能产生危险。

❻ 相关　有关

相关

表示互相关联，可用于名词前，或与"密切、息息"等构成固定词组。用于书面语。例如：

① 通过这个显示屏，驾驶者可以随时了解到车辆的时速、剩余油量、水温、定速巡航指示、行驶里程指示的相关信息。
② 近日，记者采访了教育部的相关领导，对今年高考的相关规定进行了了解。
③ 食品安全和人民的健康密切相关。
④ 环境和我们每个人的日常生活息息相关。

有关

（1）表示有关系，一般和介词"和、跟、与"搭配，反义词是"无关"。例如：

① 每个人的性格都与他的成长环境有关。
② "热胀冷缩"、"导电"等这些问题都跟物理学有关。
③ 有关部门正在研究这个问题的解决办法。
④ 有关领导都出席了今天的会议。

（2）表示关系到、涉及到。后跟名词宾语。例如：

① 能不能上大学有关你的前途。
② 两国领导人的互访有关两国外交关系的进展。
③ 学生的期末考试成绩有关他们的毕业资格问题。

④ 他们学院的这次改革有关每个教师和行政人员的实际利益。

 辨析"相关"和"有关"

（1）"有关"可以带宾语，表示"关系到"，"相关"不可以。例如：

① 有关这个话题，我今天不想谈。（不可以用"相关"）
② 军事秘密有关国家的安全。（不可以用"相关"）

（2）"相关"和"有关"用于名词前时，区别不大。"相关"常与"密切、息息"等构成固定词组，"有关"不可以。

① 有关部门正在研究这个问题的解决办法。（可以用"相关"）
② 食品安全和人民的健康密切相关。（不可以用"有关"）

 练习

一 选词填空

大势所趋　一目了然　优势　智能化　区域　相似　特色　掌握

1. 他们父子俩的饮食习惯很（　　　）。
2. 今后的办公会向电子化、网络化、无纸化方向发展，这是（　　　）。
3. 和别的运动员相比，这个篮球运动员的明显（　　　）是身材高大、跑动快。
4. 阅读科技文章需要（　　　）大量的专业词语。
5. TCL公司和长虹公司在今年国庆期间都推出了（　　　）电视机。
6. 图书馆的书籍分类十分清楚，查找起来（　　　）。
7. 这家餐馆的（　　　）是什么？他们的菜是上海菜吗？
8. 按照地理位置，亚洲共分六个（　　　）：东亚、东南亚、南亚、北亚、西亚和中亚。

二 连线

维修	考试
提示	问题
处理	答案
模拟	汽车
样式	广泛
应用	奇特
配备	淘汰
彻底	助手

三 模仿造句

1. <u>当</u>你坐进驾驶位<u>时</u>，第一眼看到的就是仪表盘吧？

   > 我们遇到困难 / 一定要鼓起勇气 / 迎接挑战
   > 迷路 / 我首先会想到……
   > 心情不好 / 我……

2. 仪表盘一般都设在驾驶者的眼皮底下、方向盘的前面，<u>便于</u>驾驶者看到仪表盘上的数据和信息。

   > 家里买了台微波炉 / 平时 / 加热饭菜
   > 图书馆里书籍分类摆放 / 是为了……
   > 刘老师给我们画了一张图 /……

3. <u>别看</u>仪表盘"个子"不大，小身材却有大作用。

   > 学生们年纪小 / 但他们懂的可不少
   > 这个人 / 长得一般 / 但是他……
   > 我爷爷八十多岁了 /……

4. 油箱表与水温表位置很明显，可以<u>随时</u>了解车辆的燃油和水温情况。

   > 医院的救护车提供24小时服务 / 准备接送病人
   > 大家有什么建议和要求 / 沟通……
   > 有了手机以后 / 我们……

5. 现在，这种样式的仪表盘早已被淘汰了，因为它<u>远远</u>不能满足现代汽车新技术、高速度的要求。

   > 这座城市的人口增速 / 超过了全国水平
   > 据调查 / 中国现有的养老院数量 / 满足……
   > 他的汉语阅读水平很高 / 可是听力水平却……

6. 通过这个显示屏，驾驶者可以随时了解到车辆的时速、剩余油量、水温、定速巡航指示、行驶里程指示的<u>相关</u>信息。

   > 世博会开展一周以来 / 观众达到55万人次 / 设施 / 正在进一步完善
   > 如果要了解我们公司 / 信息 / 可以……
   > 为了写毕业论文 /……

7. 毫无疑问，这种数字显示功能的仪表盘突出了现代感。

> 三年没见面了 / 她的外貌 / 变化 / 还是那么年轻漂亮
> 史密斯忙着打工 / 没时间学习 / 一学期过去了 / 他的汉语……
> 吃了那种药后 /……

8. 最初，仪表盘只能给驾驶者提供少量的速度和油耗等信息，而且大多使用简单的指针和罗盘来显示。

> 四五岁的小男孩儿 / 喜欢汽车、火车这类玩具
> 中国家庭 / 独生子女……
> 中国的汽车 /……

四 完成句子

1. ＿＿＿＿＿＿＿＿＿＿＿＿＿＿＿＿＿＿＿＿＿，我就会忘记一切烦恼。（当……时）
2. 这种电子词典体积小、重量轻，＿＿＿＿＿＿＿＿＿＿＿＿＿＿＿＿＿。（便于）
3. ＿＿＿＿＿＿＿＿＿＿＿＿＿＿＿，可是生意非常好，每次去都要等座位。（别看）
4. 现代人有了网络真方便，＿＿＿＿＿＿＿＿＿＿＿＿＿＿＿＿＿＿。（随时）
5. 马上就要毕业了，同学们＿＿＿＿＿＿＿＿＿＿＿＿＿＿＿＿＿＿。（大多）
6. A：你觉得明天的足球比赛谁会赢？
   B：＿＿＿＿＿＿＿＿＿＿＿＿＿＿＿＿＿＿＿＿＿。（毫无疑问）
7. A：老师，请问要参加HSK五级考试，需要记多少词汇啊？500个够了吗？
   B：＿＿＿＿＿＿＿＿＿＿＿＿＿＿＿＿＿＿＿＿＿。（远远）
8. A：＿＿＿＿＿＿＿＿＿＿＿＿＿＿＿＿＿，你知道在哪儿能买到吗？（相关）
   B：哦，在外文书店就能买到，那儿这方面的书籍很多。

五 改错

1. 当罗兰想家，她常常会给爸爸妈妈打电话。

2. 那所学校考试的时候用摄像机录像，学校领导说，这样做是为了便于老师。

3. 这件衣服质量不太好，可是别看它价格便宜。

4. 随时我都欢迎你来我家玩儿。

5. 在我看来，飞机的安全性很远高于火车。

6. 马上就要毕业了，大多班上的同学已经找到了工作。

7. 他这次托福英语考试考得很不好，看来今年出国的事毫不希望了。

8. 昨天，市房管部门的负责人表示，目前政府正在研究相关房屋出租的管理办法。

六 排序

1. A 别看仪表盘"个子"不大，小身材却有大作用
   B 仪表盘一般都设在驾驶员的眼皮底下、方向盘的前面
   C 小小的仪表盘能反映发动机的转速、时速、里程等内容

2. A 而且大多使用简单的指针和罗盘来显示
   B 最初，仪表盘只能给驾驶者提供简单的速度和油耗等信息
   C 你知道最早的汽车仪表盘是什么样儿的吗

3. A 但由于这款车型没有配备行车电脑
   B 所以仪表盘中间的功能显示区域比较空，只能反映简单的车辆信息
   C 上海大众POLO的仪表盘设计简单实在

4. A 毫无疑问，这种数字显示功能的仪表盘突出了现代感
   B 北京现代i30汽车仪表盘中央的液晶屏很大，行车电脑显示的信息很丰富
   C 通过这个显示屏，驾驶者可随时了解到车辆的时速、剩余油量等相关信息

5. A 车上需要处理的电子信息也越来越多
   B 因此，模拟仪表盘的功能已经不能满足需要
   C 随着高级汽车上的电子设备越来越多

七 根据课文内容判断正误，对的打 √，错的打 ×

1. 汽车仪表盘的作用是反映发动机的转速。
2. 最早的汽车仪表盘在夜间使用也很方便。
3. 上海大众 POLO 车仪表盘上，转速、时速情况都一目了然。
4. 在 POLO 车的仪表盘上，功能显示区域反映的信息很丰富。
5. 北京现代 i30 的仪表盘和大众 POLO 车相比，减轻了驾驶者的视觉疲劳。
6. 北京现代 i30 的仪表盘有数字显示功能。
7. 在不久的将来，汽车将使用数字化的仪表盘。
8. 数字化仪表盘最大的优势是可以为消费者定制服务。

八 复述

1. 根据本文，你知道最早的汽车仪表盘有什么缺陷吗？可参考下面的词语。

   提供　简单　速度　油耗　　信息　显示　使用
   指针　罗盘　夜间　仪表盘　方便

2. 以上海大众 POLO 车和北京现代 i30 车为例，简要介绍现在的汽车仪表盘有什么特色？可参考下面的词语。

   转速表与时速表　　　油箱表与水温表的位置
   仪表盘中央的液晶屏　行车电脑

九 表达

说说过去的、现在的和未来的汽车仪表盘有什么不同点。

要求：三人为一组，合作完成下面的对比表格，之后推选一人作为小组的代表，根据表格的信息向全班汇报自己小组的看法。

	最早的汽车仪表盘	现在的汽车仪表盘		未来的汽车仪表盘
		上海大众 POLO	北京现代 i30	
是数字化仪表盘吗?				
有行车电脑吗?				
能为消费者定制服务吗?				
反映的信息丰富吗?				
晚上看仪表盘方便吗?				

副课文

詹天佑与中国铁路

中国地域辽阔，假如要欣赏各地的美丽风光，坐火车无疑是最好的选择。说起中国的铁路，不得不提到"中国铁路之父"詹天佑。

1865年，北京宣武门外出现了一条一里长的铁路，名叫"德小"铁路。它是英国商人杜兰为了让人们看到铁路的样子而修建的一条"展览铁路"。展出不久，清朝统治者以"观者害怕"为理由，命令拆除。1876年，英国人又修建了一条15公里长的铁路，名为"淞沪铁路"（吴淞至上海），但过了不久还是被清政府拆掉了。直到5年后，中国历史上第一条自己修建的铁路"唐胥铁路"（唐山至胥各庄）才正式建成。

1887年，一位中国留学生从美国毕业回国，他叫詹天佑，在耶鲁大学土木工程系学习铁道工程。1905年，清政府任命詹天佑担任总工程师，指挥并主持修建从北京到张家口的铁路——京张铁路。

这条铁路要经过很多高山，而且天气条件恶劣，又缺乏技术人员和机器设备，难度极大。詹天佑亲自带领学生和工人，克服重重困难，翻山越岭，勘测、绘图、计算，拟定修建方案。在开凿八达岭隧道时，詹天佑充分发挥工人们的聪明才智，想出了"竖井开凿法"，把工期缩短了一半。为了让火车上山，他又创造了"人"字形线路。

1909年8月11日，京张铁路全线通车，比原计划提早了两年。詹天佑的功绩被写入了历史，人们称他为"中国铁路之父"。1993年，中国政府设立了"詹天佑铁道科学技术奖"，表彰那些在铁路科技领域作出突出贡献的科技人员。

词语表

基础词语

1	地域	dìyù	【名】	district, region	
2	辽阔	liáokuò	【形】	vast, extensive	6
3	假如	jiǎrú	【连】	if	5
4	欣赏	xīnshǎng	【动】	to appreciate, to enjoy	5
5	风光	fēngguāng	【名】	sight, scene	6
6	修建	xiūjiàn	【动】	to build, to construct	6
7	统治	tǒngzhì	【动】	to dominate	5
8	工程	gōngchéng	【名】	project, engineering	
9	任命	rènmìng	【动】	to appoint	6
10	担任	dānrèn	【动】	to hold the post of	5
11	指挥	zhǐhuī	【动】	to command, to direct	5
12	主持	zhǔchí	【动】	to host	5
13	恶劣	èliè	【形】	bad, harsh	5
14	缺乏	quēfá	【动】	to be short of	5
15	人员	rényuán	【名】	personnel, staff	5
16	机器	jīqì	【名】	machine	5
17	克服	kèfú	【动】	to overcome	5
18	翻山越岭	fānshān-yuèlǐng		to climb over the hills	
19	拟定	nǐdìng	【动】	to work out, to draft (a plan)	6
20	方案	fāng'àn	【名】	plan, scheme	5
21	充分	chōngfèn	【形】	full, ample	5
22	缩短	suōduǎn	【动】	to shorten	5
23	功绩	gōngjì	【名】	merit and achievement	
24	设立	shèlì	【动】	to set up	6
25	表彰	biǎozhāng	【动】	to honour, to commend	6
26	领域	lǐngyù	【名】	field, domain	5

拓展词语

1	勘测	kāncè	【动】	to survey
2	绘图	huìtú	【动】	to draw, to plot
3	开凿	kāizáo	【动】	to cut (a canal, tunnel, etc.)
4	竖井	shùjǐng	【名】	vertical well
5	隧道	suìdào	【名】	tunnel

专有名词

1	詹天佑	Zhān Tiānyòu	Jeme Tien Yow
2	宣武门	Xuānwǔ Mén	Xuanwu Gate
3	杜兰	Dùlán	name of a person
4	吴淞	Wúsōng	name of a place
5	唐山	Tángshān	name of a place
6	胥各庄	Xūgèzhuāng	name of a place
7	耶鲁大学	Yēlǔ Dàxué	Yale University
8	张家口	Zhāngjiākǒu	name of a person
9	八达岭	Bādálǐng	Badaling Great Wall

思考题

1. 简介中国最早出现的一条铁路。
2. 第一条中国人自己修建的铁路是哪条铁路？
3. 修建京张铁路的过程中有哪些困难？詹天佑是怎样解决这些问题的？
4. 为什么人们称詹天佑为"中国铁路之父"？
5. 你在中国坐过火车吗？如果坐过，介绍一下坐火车的感受。

10 投资还是投机

课文

大卫的中国朋友小李在一次服装设计比赛中获得了一等奖，得到了一大笔奖金。他想用这笔奖金去买股票，不过，小李对股票买卖并不太了解，于是他想去找大卫咨询一下，因为大卫读的是金融专业。

大卫听后问小李："你知道什么是股票吗？""当然知道，就是有价证券。"小李很有把握地回答。"那为什么要买卖股票呢？""因为股票买卖可以让钱生钱呀！""怎么让钱生钱呢？"大卫继续问。小李不太自信地答道："只要低吸高抛就行了吧？"看着一面辛苦挣钱，一面又急于赚钱的小李，大卫觉得有必要给他说明一下投资的风险，打一打"预防针"。

大卫讲了一个投资大师的故事。他叫格雷厄姆，出生在英国，中学时特别喜欢数学，后来考上了美国哥伦比亚大学。毕业时，为了找一份待遇更好的工作来维持生活，改善经济状况，格雷厄姆放弃了留校当老师的机会，走进了华尔街。

格雷厄姆先来到一家公司当信息员，主要负责把债券和股票价格贴在黑板上。他永远都不会忘记第一次求职时，老板严肃地对他说："年轻人，给你一个最后的忠告：如果你投机的话，你要赔钱的，永远记住这一点。"格雷厄姆记住了老板的话。其实对于股市的风险，格雷厄姆在少年时就有体会了。他母亲曾把大部分的积蓄拿到股市上去碰运气，没想到疯狂下跌49%的股市无情地"吃掉"了这些积蓄。

格雷厄姆凭他的聪明才智很快就被升为证券分析师。1923年他成立了自己的基金公司，在短短一年间就获得了可观的利润。可紧接着就是1929年经济危机，到1932年，格雷厄姆的共同账户跌掉了70%，几乎使他破产。在这个背景下，格雷厄姆根据亲身经历写出了《证券分析》这本书。

他在书中写道："投资是建立在事实与数字的分析基础上的，而投机则是建立在突发的念头或主观推测之上的。"他认为投资者和投机者对股市运动的态度是不同的，"投机者的兴趣主要在参与市场波动并从中获得利润，投资者的兴趣主要在以适当的价格取得并持有适当的股票。"

讲到这里，大卫停了一下，然后继续说："虽然在证券市场上投资和投机行为有时很难区别，但格雷厄姆指出，投机者为了追求利润而盲目投资，股市一旦发生大波动就血本无归，而谨慎的投资者是在充分研究的基础上才做出投资决策的，那样风险要小得多，而且可以获得稳定的收益。"

听到这里，小李明白了大卫讲这个故事的用意了。他说："我要做投资人，而不是投机者。"

词语表

基础词语

1	投机	tóujī	【动】	to speculate	6
2	股票	gǔpiào	【名】	stock, share	5
3	咨询	zīxún	【动】	to consult	5
4	金融	jīnróng	【名】	finance	6
5	挣钱	zhèng qián		to make money	5
6	待遇	dàiyù	【名】	pay, salary	5
7	维持	wéichí	【动】	to keep, to maintain	6
8	严肃	yánsù	【形】	strict, serious	5
9	忠告	zhōnggào	【名/动】	advice; to advise	
10	赔	péi	【动】	to compensate	

11	积蓄	jīxù	【名】	savings	
12	疯狂	fēngkuáng	【形】	crazy, mad	5
13	凭	píng	【介】	depending on	5
14	危机	wēijī	【名】	crisis	6
15	账户	zhànghù	【名】	account	5
16	破产	pò chǎn		to go bankrupt	5
17	背景	bèijǐng	【名】	background	5
18	亲身	qīnshēn	【形】	personal, firsthand	6
19	分析	fēnxī	【动】	to analyze	5
20	突发	tūfā	【动】	to outbreak, to burst	
21	念头	niàntou	【名】	thought, idea	
22	主观	zhǔguān	【形】	subjective	5
23	推测	tuīcè	【动】	to suppose	6
24	参与	cānyù	【动】	to participate	5
25	内在	nèizài	【形】	inherent	6
26	盲目	mángmù	【形】	blind	6
27	一旦	yídàn	【连】	in case	5
28	血本无归	xuèběn wú guī		to lose all the capital in doing business	
29	决策	juécè	【名】	decision-making	6
30	稳定	wěndìng	【形】	stable	5
31	收益	shōuyì	【名】	income, earnings	6

拓展词语

1	低吸高抛	dī xī gāo pāo		to buy stocks in low price and sell stocks in high price	
2	债券	zhàiquàn	【名】	bond	6
3	股市	gǔshì	【名】	stock market	
4	下跌	xiàdiē	【动】	to depreciate, to fall	
5	基金	jījīn	【名】	fund	6
6	波动	bōdòng	【动】	to fluctuate	

专有名词		
1 格雷厄姆	Géléi'èmǔ	Graham, name of a person
2 华尔街	Huá'ěr Jiē	Wall Street
3 《证券分析》	Zhèngquàn Fēnxī	Security Analysis

语言点

❶ 一面……，一面……

表示两方面的活动或情况同时存在，或表示一个动作与另一个动作同时进行，跟"一边……，一边……"差不多。只能用于同一主语。例如：

① 看着一面辛苦挣钱，一面又急于赚钱的小李，大卫觉得有必要给他说明一下投资的风险，打一打"预防针"。
② 为了写论文，李强一面查阅前人的研究资料，一面设计实验，收集数据。
③ 比赛胜利了，他激动得一面在球场上狂奔，一面向观众们招手。
④ 姐姐打算去泰国度假，她一面在网上收集信息，一面开始预定机票、宾馆。

❷ 严肃　严格

严肃

（1）形容词，表示（神情、气氛等）令人敬畏。例如：

① 他永远都不会忘记第一次求职时，老板严肃地对他说："年轻人，给你一个最后的忠告。"
② 刘经理是个很严肃的人，很少看到他对下属笑。
③ 爸爸平时幽默随和，但是如果我做了错事，他就会严肃起来。
④ 大家在讨论一个重要问题，气氛有些严肃。

（2）形容词，表示（态度、作风等）郑重、认真。例如：

① 那起事故发生后，市政府立即组织有关部门进行了严肃的调查。
② 婚姻不是儿戏，你要严肃地考虑自己的人生大事。
③ 这个问题很严重，公司将严肃处理。
④ 每个人都应该严肃对待自己的工作。

严格

形容词，表示要求、标准高，在遵守规定时认真、不放松。例如：

① 他是位严格的老师，坚持不降低对学生的要求。
② 这件事应严格按照学校的规定来办。
③ 李军的父亲对李军要求十分严格。
④ 通过严格控制生产成本，这家公司今年的利润比去年增长了 20%。

辨析 "严肃" 和 "严格"

语义不同。"严肃" 用于形容表情、气氛或态度。"严格" 主要指要求很高。

① 妈妈生气的时候，很严肃。（不可以说 "严格"）
② 警察严肃地问那人："前日晚八点左右，你在哪里？"（不可以说 "严格"）
③ 要想当飞行员，需通过一套严格的考试。（不可以说 "严肃"）
④ 上飞机前，每位旅客的行李都经过了严格的检查。（不可以说 "严肃"）

3 凭

介词，介绍动作、行为依据或借助的事物、条件、理由。例如：

① 格雷厄姆凭他的聪明才智很快就被升为证券分析师。
② 凭我的经验来判断，很快就要下大雨了。
③ 大学生仅凭好成绩，不一定能找到好工作，还需要有综合能力。
④ 今天的晚会必须凭票入场。

4 几乎　差点儿

几乎

（1）副词，表示非常接近，（程度、范围、数量等）差不多。例如：

① 到 1932 年格雷厄姆的共同账户跌掉了 70%，几乎使他破产。
② 看那部电影的时候，几乎所有观众都流下了眼泪。
③ 爷爷的头发几乎全白了。
④ 他几乎玩遍了中国。

（2）副词，表示马上要发生但结果没发生，差点儿。用于书面语。例如：

① 因为意见不同，他们俩几乎吵了起来。
② 听到这可怕的消息，她眼前一黑，身子摇了一下，几乎摔倒。
③ 昨天睡得太晚，今天上课的时候，玛丽几乎睡着了。
④ 他变化太大了，我几乎没认出来。

差点儿

副词,表示某种事情接近实现。用于口语。

(1) 如果是说话人不希望发生的事情,"差点儿"后面用肯定式和否定式意思一样,都是事情没发生,有庆幸的意思。例如:

① 今天早上地铁晚点,小吴差点儿迟到了(差点儿没迟到)。(实际上没迟到)
② 他走得太快,差点儿摔倒(差点儿没摔倒)。(实际上没摔倒)

(2) 如果是说话人希望发生的事情,"差点儿"后面用肯定式,表示事情没发生,有遗憾的意思;用否定式,表示发生了,有庆幸的意思。例如:

① 上次考试,杰克得了59分,差点儿就及格了。(实际上没及格)
② 昨天我差点儿就没赶上那班火车。(实际上赶上了)

 辨析 "几乎"和"差点儿"

(1) "几乎"是书面语,"差点儿"是口语。
(2) "几乎"一般用来表达不希望出现的事。"差点儿"都可以表达。例如:

① 那个人过马路的时候边走边发短信,差点儿被车撞到。(可用"几乎")
② 毕业时,王海差点儿去法国工作,不过后来还是留在了北京。(不可用"几乎")

❺ 亲身　亲自

亲身

形容词,表示自己直接参与的,不是间接的。例如:

① 在这个背景下,格雷厄姆根据亲身经历写出了《证券分析》这本书。
② 去年王先生到西藏旅游,亲身体验了西藏民族的风土人情。
③ 上次在四川,玛丽亲身感受了大地震的可怕。
④ 他亲身经历过第二次世界大战。

亲自

副词,表示因为事情重要或难度大,所以自己直接做。例如:

① 这个客户很重要,所以这次总经理亲自去机场接他,没让秘书去接。
② 大卫的病很严重,医生们都没有把握,最后张院长亲自做了这个手术。
③ 这次四川地震死伤一万多人,因此,中国国家领导人亲自去四川组织救灾。
④ 为了了解真实情况,校长亲自找来了那两个学生问话。

辨析"亲身"和"亲自"

（1）语义不同。"亲自"表示因为特别重视，所以自己来做。"亲身"强调是发生在自己身上的事情。例如：

① 今天母亲生日，儿女们亲自给母亲做了一桌好菜。（不可说"亲身"）
② 得了胃病后，她亲身体验了做胃镜检查的痛苦。（不可说"亲自"）

（2）"亲自"只能做状语，用在动词前。"亲身"除了用在动词前，还可以修饰名词。

① 这个故事是作者的亲身经历。（不可说"亲自"）
② 我没有骗你，这些都是我的亲身体会。（不可说"亲自"）

6 在……基础上

基础：表示事物发展的根本或起点，常与"在……上"搭配。例如：

① 投资是建立在事实与数字的分析基础上的。
② 公司希望在原有的基础上再提高15%的产量。
③ 幼儿应该在学好母语的基础上再学习外语。
④ 在科学实验的基础上，爱迪生实现了一千多种伟大的发明创造。

7 为了……而……

为了：介词，介绍动作的目的。而：连词，后接动词。例如：

① 投机者为了追求利润而盲目投资，股市一旦发生大波动就血本无归。
② 我今天是为了报名而来的。
③ 警察是为了调查一个问题而找刘天的。
④ 田中先生为了了解中国文化而学习汉语。

练习

一、选词填空

危机　一旦　股票　破产　背景　账户　金融　待遇

1. 这个电影以第二次世界大战为故事的（　　　）。
2. 因为长期分居两地，安东和琳达的婚姻出现了（　　　）。
3. 我在中国银行建立了一个（　　　）。
4. 山姆在证券公司工作，他的（　　　）很好。
5. 安娜在大学里学习（　　　）专业，她希望将来能做一名银行的高管。

6. 2011年巴菲特陆续买入IBM公司的大量（　　），获得了丰厚的收益。
7. 由于不善于经营，那家小公司不幸（　　）了。
8. 在国外，（　　）你的护照丢失，需马上去大使馆补办。

二 连线

疯狂　　　　推测
提出　　　　投资
分析　　　　忠告
收益　　　　下跌
维持　　　　股市
主观　　　　价值
盲目　　　　生活
内在　　　　稳定

三 模枋造句

1. 看着<u>一面</u>辛苦挣钱，<u>一面</u>又急于赚钱的小李，大卫觉得有必要给他说明一下投资的风险，打一打"预防针"。

   为了找工作 / 迈克 / 在网上投递求职信 / 请老师帮他推荐
   着火了 / 救火 / 救人 /……
   明天是罗兰的生日晚会 /……

2. 他永远都不会忘记第一次求职时，老板<u>严肃</u>地对他说："年轻人，给你一个最后的忠告。"

   那位教练 / 批评了 / 一名球员的错误行为
   比赛的时候 / 那名体操运动员 / 看起来 / 表情……
   对考试作弊的行为 / 学校……

3. 格雷厄姆<u>凭</u>他的聪明才智很快就被升为证券分析师。

   中国 / 自己的力量 / 成功发射了神州九号宇宙飞船
   出入证 / 进入公司 /……
   丰富的工作经验 /……

4. 到1932年，格雷厄姆的共同账户跌掉了70%，几乎破产。

> 声音太小 / 我 / 听不见
> 这段英语说得太快了 / 我……
> 今天来听讲座的学生非常多 /……

5. 在这个背景下，格雷厄姆根据亲身经历写出了《证券分析》这本书。

> 他走遍了中国的大小城市 / 感受 / 中国的美食文化
> 京沪高速铁路列车是不是舒服 / 只有……
> 他是记者 /……

6. 投资是建立在事实与数字的分析基础上的。

> 我认为 / 婚姻 / 应当 / 建立 / 爱情
> 古代文学课 / 是 / 汉语言文学专业的……
> 友谊 / 建立在……

7. 投资者的兴趣主要在以适当的价格取得并持有适当的股票。

> 这家房地产公司 / 惊人的价格 / 买下了黄浦江边的一个地块
> 王刚 / 优异的成绩 / 被哈佛大学……
> 他 / 最快的速度 /……

8. 投机者为了追求利润而盲目投资，股市一旦发生大波动就血本无归。

> 他 / 决心 / 理想 / 奋斗
> 同学们 / 救助灾民 / 捐款……
> 李伟 / 参加了托福考试 /……

四 完成句子

1. 今天的会议_____，终于讨论出了问题的解决方案。（几乎）
2. 安娜对2010年上海世博会很熟悉，因为_____。（亲身）
3. _____，大家可以在学校的图书馆借书。（凭）
4. _____，其实他是一位学问广博，爱护学生的好老师。
（严肃）
5. 就要放寒假了，留学生们_____。
（一面……，一面……）

6. _____，太划算了。
（以……的价格）

7. 医生告诉老王有心脏病的人不能抽烟，_____。
（为了……而……）

8. _____，小张对公司提出了一些合理化建议。（在……基础上）

五 改错

1. 妈妈正在准备晚饭，一面她炒菜，一面她煮饭。

2. 为了早日治好您的病，您得严肃按照医生的要求吃药、休息。

3. 我对麦克的了解，他不会做出这样的事。

4. 太危险了，刚才几乎他撞到了一个老太太。

5. 这首歌的故事来源于周杰伦的亲自经历。

6. 我拿6000元的价格买到了一台二手笔记本电脑。

7. 这种自行车是因为学生而专门设计的山地车。

8. 在听取工会意见的基础，这家公司大幅度提高了员工的待遇。

六 排序

1. A 不过，小李对股票买卖不太了解
   B 小李想用一笔奖金去买股票
   C 于是他想去找学金融专业的大卫咨询

2. A 到华尔街当信息员
   B 格雷厄姆放弃了留校当老师的机会
   C 为了找一份待遇更好的工作来改善经济状况

3. A 他母亲曾把大部分的积蓄拿到股市上去碰运气
   B 对于股市的风险,格雷厄姆在少年时就有体会了
   C 没想到疯狂下跌的股市无情地"吃掉"了这些积蓄

4. A 而投机者的兴趣主要在参与市场波动并从中获得利润
   B 投资者和投机者对股市运动的态度是不同的
   C 投资者的兴趣主要在以适当的价格取得并持有适当的股票

5. A 那样风险要小得多
   B 而且可以获得稳定的收益
   C 谨慎的投资者在充分研究的基础上才做出投资决策

七 根据课文内容判断正误,对的打√,错的打×

1. 买股票,只要低吸高抛就能赚钱。
2. 格雷厄姆对金融感兴趣,所以找了一个金融方面的工作。
3. 格雷厄姆自己创建的基金公司一直很成功。
4. 投机建立在事实与数字的分析基础上。
5. 投机建立在突发的念头或主观的推测上。
6. 投资者和投机者对股市运动的态度是差不多的。
7. 股市的风险不小。
8. 小李要做投机者,不做投资人。

八 复述

请讲一讲投资大师格雷厄姆的个人经历,可参考下面提示的信息。

- 学习经历
- 1923年以前的工作
- 开始创业
- 出版《证券分析》

九 表达

1. 投资者和投机者有什么不同？你打算做投资人还是投机者？为什么？
2. 如果你为了投资，打算在中国买股票，那么你认为现在买哪些股票比较好？为什么？

　　要求：四人为一组，课前收集关于中国股市的资料，并去一家证券公司的营业部亲身感受一下。课上进行小组讨论，选出自己小组认为较好的一只股票。并推选一位发言代表，向全班报告你们小组的意见。

副课文

货币的几种流通方式

一天,玛丽在学校商店买电池,可她打开钱包一看,没有零钱,只有几张100元的人民币和一张1元的美元,而商店不接受美元。正好杰克也在那儿买东西,她就借杰克的校园消费卡刷掉了7元钱,买了电池。然后,玛丽拿出1美元还给了杰克。这两种货币之间出现了7比1的兑换率,这就是汇率。

在学校商店里,杰克看上了一款笔记本电脑,当时标价3000元。杰克想:现在校园消费卡里的钱不够,等充值后再来买吧。可当杰克两周后再去商店时,他吃了一惊,因为那款笔记本电脑的标价已经变成了3500元。杰克无奈地笑着说:"现在,我终于明白什么叫通货膨胀了。"售货员小姐问杰克还买不买电脑,杰克开玩笑地说:"对不起,我的充值速度跟不上你们的涨价速度,等到这款电脑跌价时我再来买吧。"

杰克回家后把买电脑的事情讲给他的中国朋友小赵听,小赵听后说:"现在有很多电脑商店搞'以旧换新'的促销活动,你可以去打听一下。""什么是促销?""'促销'就是促进销售的意思,比如打折、送礼券等都是商店的促销手段。"听了小赵的介绍,杰克决定去看一下。

几天后,杰克来到一家电脑商店,那里果然正在搞"以旧换新"的活动。旧电脑不论是品牌机还是山寨机,购买新电脑时都可以直接享受10%的新机优惠价,还有150元以内的补贴价。杰克办完了"以旧换新"的手续,拿着新电脑高兴地说:"哈哈,这就是'双赢'。"

回到学校后,杰克远远地就看到小赵正朝他的宿舍跑来,杰克叫住了他,问他有什么事。小赵兴奋地说:"走,跟我去把我的车开回来。"杰克没听懂:"你的车在哪儿?""在当铺。"杰

克更不明白了:"当铺是什么?"原来小赵是一家私营企业的老板,去年春节前,要给工人发工资和奖金的钱还缺少70万。向银行贷款来不及了,于是小赵把自己180万元的"奔驰"送进了当铺。合同上的期限是一年,可是小赵的资金很快就周转过来了,所以提前把他的"奔驰"赎了出来。这不,他正打算去当铺把"奔驰"开回家呢。杰克总算搞明白了。小赵笑着说:"现在多亏有各种各样的货币流通方式,做生意方便多了。"

词语表

基础词语

1	货币	huòbì	【名】	currency	6
2	流通	liútōng	【动】	to circulate	6
3	电池	diànchí	【名】	battery	5
4	兑换	duìhuàn	【动】	to exchange	6
5	汇率	huìlǜ	【名】	exchange rate	5
6	无奈	wúnài	【形】	to have no choice	5
7	打听	dǎting	【动】	to ask about, to inquiry about	5
8	享受	xiǎngshòu	【动】	to enjoy	5
9	手续	shǒuxù	【名】	procedure	5
10	朝	cháo	【介】	towards	5
11	私营	sīyíng	【名】	privately owned	
12	企业	qǐyè	【名】	enterprise	5
13	贷款	dàikuǎn	【名】	loan; to provide a loan	5
14	期限	qīxiàn	【名】	time limit, deadline	6
15	总算	zǒngsuàn	【副】	finally, eventually	5
16	多亏	duōkuī	【副】	thanks to, owning to	5

拓展词语

1	标价	biāojià	【名】	marked price
2	充值	chōng zhí		to recharge
3	通货膨胀	tōnghuò péngzhàng		inflation
4	涨价	zhǎng jià		to raise the price
5	跌价	diē jià		to go down in price
6	促销	cùxiāo	【动】	to promote
7	礼券	lǐquàn	【名】	gift coupons
8	品牌	pǐnpái	【名】	brand
9	山寨	shānzhài	【名】	pirate
10	补贴	bǔtiē	【名】	allowance
11	双赢	shuāngyíng	【动】	win-win
12	当铺	dàngpù	【名】	pawnshop
13	周转	zhōuzhuǎn	【动】	to turnover
14	赎	shú	【动】	to redeem

专有名词

奔驰	Bēnchí	Mercedes-Benz

思考题

1. 这天玛丽在商店是怎么买电池的？
2. 为什么杰克没在学校商店买电脑？
3. 最后杰克在哪里买到了电脑？为什么要在那儿买呢？
4. 当铺帮小赵解决了什么难题？
5. 通过这篇文章，你了解到有哪些货币流通方式？
6. 除了课文中提到的促销活动，你还知道哪些促销方式？

11 何丽娜谈管理经验

课文

何丽娜是某外资企业人事部门经理，在多年的人事管理工作中，她总结出了自己深有体会的管理经验，那就是：信任员工。

有一次，何丽娜听见办公室门外有吵架的声音，原来是几位员工上班忘记打卡而被扣了当月奖金。他们愤怒的原因倒不在于扣奖金，而是挨了领导的批评，说他们上班迟到，故意逃避打卡。何丽娜立即做了调查，事实上这几位员工确实没有迟到，只是忘了打卡。

何丽娜在安慰了这几位员工后，向总经理提出建议：取消上下班打卡制度，公司应该让员工感到自己是受信任的。总经理开始还有点儿犹豫，最后答应试行三个月。结果几个月来公司9点上班，没有人9点以后到的，所以这条上下班不打卡的制度一直执行至今。何丽娜说："只有信任员工的管理者，才会得到员工的支持。得到公司的信任，员工们自然会自我约束和自我管理。"

又有一次，刚毕业的本科生小张向他的部门领导提出了一个关于原料运输的改革建议，可领导不但不耐心听取小张的意见，反而责备他工作不踏实。领导的批评让小张觉得委屈，他想辞职。了解情况后，何丽娜与小张好好交谈了一次，互相沟通了想法。之后，小张与他的领导一起修改完善了那个改革方案。新方案实行后不错，不但缩短了原料运输时间，还减少了损失。小张当然不辞职了，还升为了工程师。何丽娜说："员工的任何一个创意，其实都反映了员工对本职工作的热爱，作为领导都不可轻视。哪怕是失败的建议，也要鼓励原创精神。只有当员工觉得领导是他们创新思维的支持者，他们才会自由放松地去工作，而他们创新能力的不断提高，正是公司发展下去的生命力。"

还有一次，人事部员工小李突然对何丽娜"客气"起来，无论干什么活儿都要先问一下何丽娜，甚至是他已经很熟悉的日常工作，而且平时活泼开朗的性格也变得沉默少语了。何丽娜有意组织了一场聚会，邀请部门同事都来参加。在热烈轻松的气氛里，何丽娜跟小李"闲聊"起来。交谈中何丽娜了解到，小李之所以对领导"客气"起来，是因为领导对他"管""教"得太多，他做什么事都要被指导，让他产生了自己什么都干不好的自卑心理。何丽娜当场向小李道歉，消除了他的心理压力。很快，小李又恢复了原先爱说爱笑的天性。何丽娜说："所谓'用人不疑'，就是要放手让员工去做。什么事都管都教的领导，结果一定是既'管'不好，也'教'不好。员工天天跟你在一起，身体距离很近，可心理距离却越来越远了。"

词语表

基础词语

1	某	mǒu	【代】	certain, some	5
2	人事	rénshì	【名】	personnel (administration)	5
3	员工	yuángōng	【名】	staff	5
4	吵架	chǎo jià		to quarrel	5
5	扣	kòu	【动】	to deduct	5
6	愤怒	fènnù	【形】	rage	5
7	倒	dào	【副】	but; indicating that sth. is not what one thinks	5
8	挨	ái	【动】	to suffer	5
9	领导	lǐngdǎo	【名/动】	leader; to lead	5
10	逃避	táobì	【动】	to escape, to evade	5
11	安慰	ānwèi	【动】	to comfort	5
12	取消	qǔxiāo	【动】	to cancel	5

13	犹豫	yóuyù	【形】	hesitate	5
14	答应	dāying	【动】	to promise, to consent	5
15	约束	yuēshù	【动/名】	to restrain, to bind	6
16	责备	zébèi	【动】	to blame, to reproach	5
17	踏实	tāshi	【形】	steady	6
18	辞职	cí zhí		to resign	5
19	沟通	gōutōng	【动】	to communicate	5
20	修改	xiūgǎi	【动】	to modify	5
21	完善	wánshàn	【动/形】	to improve and perfect; perfect	5
22	损失	sǔnshī	【名/动】	loss; suffer losses	5
23	升	shēng	【动】	to promoted, to rise	5
24	轻视	qīngshì	【动】	to look down upon, to despise	5
25	哪怕	nǎpà	【连】	even if	5
26	原创	yuánchuàng	【动】	to be created by oneself	5
27	自由	zìyóu	【形/名】	free, freedom	5
28	放松	fàngsōng	【动】	to relax	5
29	干活儿	gàn huór		to work	5
30	开朗	kāilǎng	【形】	optimistic	5
31	聚会	jùhuì	【名】	gathering	5
32	热烈	rèliè	【形】	warm, lively	5
33	气氛	qìfēn	【名】	atmosphere	5
34	指导	zhǐdǎo	【动】	to guide, to instruct	5
35	自卑	zìbēi	【形】	to feel oneself inferior	6
36	当场	dāngchǎng	【副】	on the spot	6
37	原先	yuánxiān	【名】	former, original	6

拓展词语

1	外资	wàizī	【名】	foreign capital
2	打卡	dǎ kǎ		to punch time card

专有名词

| 何丽娜 | Hé Lìnà | name of a person |

语言点

① 某

代词，一般用在名词前，也可用在姓后，如"张某、李某"，用于书面语。

（1）表示确定的人或事物。知道名称，但不便或不需要说出具体名称。例如：

① 何丽娜是某外资企业人事部门经理。
② 这次考试，我们班除了某男生缺考，同学们都考得不错。
③ 张某出生于中国北方的一个小镇。
④ 记者前日采访了一位正在浙江某地拍戏的电影明星。

（2）表示不确定的人或事物。例如：

① 说不定某一天，我会去韩国旅游一趟呢。
② 我想，在地球外的某个星球上一定居住着外星人。
③ 如果人类能够发明出某种药物，战胜癌症，那么人类的生存质量将大大提高。
④ 听说，小沈的丈夫是某个大学的教授。

② 倒

副词，缓和语气，用于否定句时，使得否定的意思更容易让人接受；用于肯定句时，后面只能用表示积极意义的词语。例如：

① 他们愤怒的原因倒不在于扣奖金，而是挨了领导的批评，说他们上班迟到，故意逃避打卡。
② 我倒不反对这样做，但恐怕其他人不答应。
③ 学历高的人水平就一定高？那倒不见得。
④ 双休日去郊区搞个"农家乐"的活动倒挺有意思。

③ 轻视　忽视

轻视

动词，表示认为不重要，不认真对待或看不起。反义词是"重视"。例如：

① 员工的任何一个创意，其实都反映了员工对本职工作的热爱，作为领导都不可轻视。

② 一些保险公司只重视售前服务，而轻视售后服务，这显然是很不应该的。
③ 过去，清洁工是被很多人轻视的工作。
④ 你不可因为一个人贫穷就轻视他。

忽视

动词，表示因为考虑问题不全面，所以没注意到某方面的重要性。例如：

① 购买手机时，很多人看重的是手机的处理性能和娱乐性能，却忽视了手机的通话质量问题。
② 我们去少数民族地区观光的时候，不能忽视当地的传统习俗，免得带来不必要的麻烦。
③ 一位成功的企业家曾经说过，创业应当重视那些被别人忽视的机会。
④ 提到葡萄酒，人们总是想到法国或意大利，却忽视了西班牙。其实西班牙葡萄酒的酿造历史已有3000多年了。

 辨析 "轻视" 和 "忽视"

"轻视"有"看不起"的意思，"忽视"没有。"忽视"只表示没注意。

① 那个孩子出身贫穷，被一些富家子弟轻视。（不可用"忽视"）
② 他一直忙于工作，忽视了自己的健康，得了慢性胃病。（不可用"轻视"）

❹ **哪怕……，也……**

连词"哪怕"在前一分句，引出假设的不利或极端的条件，后一分句表示在上文的条件下，结果依然不变。"哪怕"可以换用"即使、就是、就算"。例如：

① 哪怕是失败的建议，也要鼓励原创精神。
② 刚学汉语时一定要多听多说，哪怕你说错了，也要坚持练习。
③ 哪怕你不爱听，我也要说。
④ 我已经决定了，哪怕有危险，我也要参加这次登山探险活动。

❺ **正是**

表示"恰恰是"，后面常跟某种原因。例如：

① 只有当员工觉得领导是他们创新思维的支持者，他们才会自由放松地去工作，而他们创新能力的不断提高，正是公司发展下去的生命力。
② 正是因为有危险，我们更不能马虎大意。
③ 正是由于他不怕困难，最后才战胜了困难。
④ 他的性格正是罗兰喜欢的性格，又开朗又幽默。

6 有意

副词，表示有意识地那样做。近义词"故意"，但"故意"常用作贬义。例如：

① 何丽娜有意组织了一场聚会，邀请部门同事们都来参加。
② 她有意把声音提高，以此引起大家的注意。
③ 我不是有意不和你打招呼，是因为我没看见你。
④ 那件事我有意没告诉小刘，怕她生气。

7 之所以……，是因为……

"之所以"在前一分句中放在主语和谓语之间，引出结果，"是因为"在后一分句，强调原因。用于书面语。例如：

① 小李之所以对领导"客气"起来，是因为领导对他"管""教"得太多，他做什么事都要被指导，让他产生了自己什么都干得不好的自卑心理。
② 爱德华之所以汉语不错，是因为他有一位中国妻子。
③ 毕业后，赵虎之所以选择去深圳工作，是因为在那儿年轻人的发展机会多。
④ 真丝裙之所以非常受女性欢迎，是因为它又轻又薄，穿起来很凉快。

一 选词填空

> 领导　指导　损失　逃避　当场　原先　踏实　约束

1. 我（　　）打算10号回北京，现在有事只能推迟几天再走。
2. 高速公路上发生了一起车辆追尾的交通事故，两人（　　）死亡。
3. 杨老师是汉语系的（　　），负责系里的教学管理工作。
4. 为了避免交通事故的发生，我们每个人都应该加强自我（　　），严格遵守交通规则。
5. 学院安排王老师（　　）约翰参加今年的汉语大赛。
6. 新来的技术员小王工作（　　），积极进取，得到了总经理的表扬。
7. 昨天某工厂发生了火灾，经济（　　）很大。
8. 在困难面前，我们应该勇敢面对，不应（　　）。

二 连线

外资　　　　部门
人事　　　　企业
气氛　　　　计划
完善　　　　想法
沟通　　　　热烈
性格　　　　方案
取消　　　　开朗
修改　　　　制度

三 模仿造句

1. 何丽娜是某外资企业人事部门经理。

   王明／是／航空公司／的／飞行员
   听说／小周的丈夫／当工程师……
   根据昨天的新闻／……

2. 他们愤怒的原因倒不在于扣奖金，而是挨了领导的批评，说他们上班迟到，故意逃避打卡。

   我／不反对你参加同学聚会／但是你得早点儿回来
   我骑车时摔倒了／人／没事／车子……
   这件衬衫／……

3. 员工的任何一个创意，其实都反映了员工对本职工作的热爱，作为领导都不可轻视。

   很多城市里的人／农民工／认为他们没文化
   高三学生／面临高考的巨大压力／他们的心理问题……
   饭店除了饭菜要好吃之外／……

4. 何丽娜与小张好好交谈了一次，互相沟通了想法。之后，小张与他的领导一起修改完善了那个改革方案。

   格雷厄姆放弃了留校当教师的机会／在华尔街证券公司当信息员
   总经理／召集各部门高管开了会／……
   他写了封辞职信／……

5. 哪怕是失败的建议，也要鼓励原创精神。

> 医生的工作不允许有差错 / 是一个小小的错误 / 可能产生严重的后果
> 我们不能浪费粮食 / 一粒米 /……
> 你选择了这个专业 /……

6. 何丽娜有意组织了一场聚会，邀请部门同事们都来参加。

> 孩子想开个玩笑 / 把爸爸的鞋子藏了起来
> 他暗恋班上的女同学 / 放学时 / 他……
> 今天学校举行舞会 /……

7. 小李之所以对领导"客气"起来，是因为领导对他"管""教"得太多。

> 这里的房价 / 高 / 这里生活便利 / 交通方便
> 这家饭店 / 客人很多 / 他们的饭菜……
> 老板 / 很生气 /……

8. 只有当员工觉得领导是他们创新思维的支持者，他们才会自由放松地去工作，而他们的创新能力的不断提高，正是公司发展下去的生命力。

> 年轻也是一种优势 / 因为年轻 / 有干劲、有热情
> 男朋友送我的香水 / 喜欢……
> 这部电影 /……

四 完成句子

1. 安娜和男朋友吵架了，男朋友来电话的时候，_____。（有意）
2. 这门课很重要，_____。（哪怕……，也……）
3. 昨天是玛丽的生日，我们先唱了生日歌，_____。（之后）
4. 小时候每当我观看美丽的星空时，我常常会想，_____，一定住着外星人。（某）
5. A：这件衣服你觉得怎么样？喜欢吗？
   B：_____。（倒）
6. A：你父母支持你暑假去西藏旅游吗？
   B：_____。（不但……，反而……）
7. A：你为什么要学习电子专业？
   B：_____。（之所以……，是因为……）

8. A：小强，来看，爸爸给你买了什么？
   B：电子词典！太好了！＿＿＿＿＿＿＿＿＿＿＿＿＿＿＿＿＿＿＿。（正是）

五 改错

1. 爱德华曾在中国有个城市工作过两年。

2. 这事做起来倒很难，但比较麻烦。

3. 对于农民工，城市居民不应该忽视他们。

4. 冬季是火灾多发的季节，千万不能看不起防火工作。

5. 哪怕今天不睡觉，也他得做完那个工作。

6. 今天我下班后有意去超市买点儿菜。

7. 阿里是因为他交了不少中国朋友，之所以口语很好。

8. 他正好警察要找的人。

六 排序

1. A 何丽娜立即做了调查，事实上这几位员工确实没有迟到，只是忘了打卡
   B 原来是几位员工上班忘记打卡而被扣了当月奖金
   C 有一次，何丽娜听见办公室门外有吵架的声音

2. A 总经理开始还有点儿犹豫，最后答应试行三个月
   B 何丽娜向总经理提出建议，取消上下班打卡制度
   C 结果几个月来公司9点上班，没有人9点以后到

3. A 领导的不信任让小张觉得委屈，他想辞职
   B 可领导不但不耐心听取小张的意见，反而责备他工作不踏实

C 刚毕业的本科生小张向他的部门领导提出了一个关于原料运输工作的改革建议

4. A 新方案实行后效果不错
   B 不但缩短了原料运输时间，还减少了损失
   C 小张与他的领导一起修改完善了那个改革方案

5. A 而且平时活泼开朗的性格也变得沉默少语了
   B 人事部员工小李突然对何丽娜"客气"起来
   C 无论干什么活儿都要先问一下何丽娜

七 根据课文内容判断正误，对的打√，错的打 ×

1. 几位员工吵架是因为迟到后被扣了奖金。
2. 事实是那几位员工没有迟到，只是忘了打卡。
3. 取消上下班打卡制度后，经常有人迟到。
4. 小张想辞职是因为领导不但不接受他提的改革建议，还批评他。
5. 因为何丽娜的协调，小张没有辞职。
6. 完善后的改革方案并没取得成功。
7. 人事部的小李变得对何丽娜非常"客气"，是因为尊敬何丽娜。
8. 何丽娜认为领导应该信任员工、支持员工搞创新，并且用人不疑。

八 复述

文中介绍了何丽娜三方面的人事管理经验，请参考下面的提示说说她有哪些经验。
- 关于打卡事件
- 关于小张的改革建议
- 关于小李的变化

九 表达

辩论：你认为是否应该取消上下班打卡的制度？

正 方（认为应该取消）	反方（认为不该取消）
论据	论据
1. 如果得到了公司的信任，员工们自然会自我约束和自我管理。	1. 企业需要严明的工作纪律。
2. 进出公司如果必须打卡，给人一种被监视的感觉，侵犯了个人的人身自由。	2. 可以奖勤罚懒。
3. ……	3. ……

规则：

首先，按照学生对辩论题目的真实看法，把全班同学分成正方和反方两队。

然后，正方、反方各自进行论据的讨论和准备。（10分钟）

之后，正方、反方各选出4位同学，组建自己的辩论代表队。每位同学都有分工，分别担任"一辩"、"二辩"、"三辩"、"四辩"。

最后，双方开始辩论。（15分钟）

副课文

公平管理带来"家"的感觉

王大成先生是一位海归管理学博士，回国后担任某食品公司的总经理。王总在美国学的是西方管理学，特别欣赏"胡萝卜+大棒"的管理办法。他主张管理必须按照规章制度办事，奖罚分明，该奖的奖，该罚的罚。他说："制定规章要合情合理，执行规章要认真严格。只有公平管理，才能给员工带来'家'的感觉。因为在家里，每一个家庭成员在人格上都是平等的。"

王总所在的公司有两种仓库，一种是放商品的，另一种是放工具的。以前两种仓库都上锁，钥匙有专人保管。如果保管员不在，员工们就无法进工具仓库取东西。一旦食品机器坏了，就会因取不到工具而耽误生产。针对这个情况，王总做出了这样一个规定：上班时间内工具仓库的大门为每一个员工打开，方便他们来寻找自己工作中所需要的工具。这个规定并没有得到领导们的一致同意，不过，规定实行后没有发生偷窃事件，而且员工们的干劲比以前更高了。最后，原先那些不赞成的人也认同了这个规定。

公司里引进了一些海归人才，这些人中大多数是谦虚勤奋的，但也有个别人很骄傲，看不起普通员工，有的甚至故意为难同事来显示自己的本事。王总在处理这种矛盾时，一律按规定办事，不讲人情面子。在三年一度的职务调整上，王总也是重视业绩，不以学历和资格为唯一标准。有好几位低学历的员工因工作出色而被升为技术管理人员。曾经有猎头公司去王总那儿挖人才，但即使面对高薪，也很少有人跳槽，因为员工们在这里有了"家"的感觉。

词语表

基础词语

1	主张	zhǔzhāng	【动】	to stand for, to claim	5
2	罚	fá	【动】	to penalize	
3	分明	fēnmíng	【形】	clear	6
4	制定	zhìdìng	【动】	to constitute	5
5	规章	guīzhāng	【名】	regulation, rule	6
6	合情合理	héqíng-hélǐ		fair and reasonable	
7	公平	gōngpíng	【形】	fair, just	5
8	人格	réngé	【名】	human dignity	6
9	平等	píngděng	【形】	equal	5
10	仓库	cāngkù	【名】	warehouse	6
11	锁	suǒ	【名】	lock	5
12	针对	zhēnduì	【动】	to aim at	5
13	寻找	xúnzhǎo	【动】	to seek for	5
14	偷窃	tōuqiè	【动】	to steal, to burgle	
15	干劲	gànjìn	【名】	energy, drive	6
16	赞成	zànchéng	【动】	to appove	5
17	谦虚	qiānxū	【形】	modest	5
18	勤奋	qínfèn	【形】	diligent	5
19	个别	gèbié	【形】	individual, one or two	5
20	看不起	kànbuqǐ		to look down	5
21	本事	běnshi	【名】	ability	6
22	一律	yílǜ	【副】	all, without exception	6
23	调整	tiáozhěng	【动】	to adjust	5
24	资格	zīgé	【名】	qualification	5
25	唯一	wéiyī	【形】	only, sole	5
26	出色	chūsè	【形】	excellect, outstanding	5

拓展词语

1	海归	hǎiguī 【名】	people returned to one's homeland after finishing overseas study
2	引进	yǐnjìn 【动】	to import, to introduce from elsewhere
3	业绩	yèjì 【名】	achievement
4	跳槽	tiào cáo	job-hopping

专有名词

王大成	Wáng Dàchéng	name of a person

思考题

1. 关于公司的管理，王大成有哪些观点？
2. 过去这个公司的仓库管理是怎样的？有什么问题？
3. 对于仓库，王大成的管理方法是什么？效果怎么样？
4. 在人事管理和调整职务方面，王大成依据的标准是什么？
5. 在王大成的管理下，为什么猎头公司很难挖走这儿的技术人员？
6. 你是否赞同"胡萝卜+大棒"的管理办法？为什么？

12 手机媒体的魅力

课文

2008 北京奥运会,不仅是一次体育盛会,而且还使用了一种全新的品牌媒体形式。开通于 2007 年 10 月的江西手机台,正式以新媒体身份进入并运营于 2008 奥运会国际新闻中心,自主参与奥运会相关采访。这一现象预示着手机媒体正在以独立的媒体形象出现在公众面前。

据中国移动统计,到 2008 年 8 月 19 日,超过 100 万人通过该网络用手机欣赏精彩的奥运节目,视频点击次数近 700 万,累计播放时长达 30 余万小时。8 月 8 日开幕式结束到次日 24 时,奥运会主题歌《我和你》的手机下载量高达 573 万次,开创了音乐史上最快的传播速度,打破了全球音乐单曲最快发售纪录。此外,奥运手机报以短信和彩信方式提供赛前、赛时、赛后信息,每天的读者超过 1200 万。这些简单的数字,显示出手机媒体强大的传播功能。

北京奥运会之前,中国汶川地区发生了大地震。地震一发生,新华社和中国移动就迅速响应,并于次日联合推出特刊《今天,我们都是汶川人》,及时向广大手机报读者传递了灾情新闻和最新动态。震后第三天,由新华网负责编辑,中国移动和中国联通分别推出了《抗震救灾手机报》。该手机报分彩信、短信两种形式,每日两期,主要报道抗震救灾的最新情况。手机媒体成为当时获取信息的重要途径。

对于公众而言,手机媒体越来越显示出强大的吸引力。传播学家认为,人们对媒体的依赖主要有两种情况:一是日常性依赖,即媒体通过日常提供的信息满足人们的基本需求；二是异常性依赖，即当社会发生重大变化时，或在重大事件中，人们急于从媒体了解各种新闻事实，往往表现出强烈的信息饥渴，对媒体的依赖性明显增强。这种对媒体的异常依赖主要通过第一时间的信息传递来体现。而手机媒体有"随时随地"，甚至"随身随手"的特性，这一特性不但从内容上，而且从技术上都会使人们在发生重大事件时，对手机媒体产生自觉或不自觉的依赖。

目前，我国手机媒体用户已经具备一定规模，如有新媒体之称的"微博"用户已超过3亿，随着移动互联网和智能手机的发展，手机媒体必将展现出新的魅力。

词语表

基础词语

1	盛会	shènghuì	【名】	grand gathering
2	运营	yùnyíng	【动】	to operate
3	自主	zìzhǔ	【动】	to act on one's own, independently	6
4	现象	xiànxiàng	【名】	phenomena	5
5	独立	dúlì	【形】	independent	5
6	预示	yùshì	【动】	to predict
7	公众	gōngzhòng	【名】	public
8	该	gāi	【代】	this
9	累计	lěijì	【动】	to add up to
10	余	yú	【数】	over, more than
11	开幕式	kāimùshì	【名】	opening ceremony	5
12	次日	cìrì	【名】	the next day
13	主题	zhǔtí	【名】	subject, theme	6
14	纪录	jìlù	【名】	record	5
15	地震	dìzhèn	【名/动】	earthquake	5

16	响应	xiǎngyìng	【动】	to respond, to answer	6
17	联合	liánhé	【动/形】	to joint, to unite; combined	5
18	编辑	biānjí	【动/名】	to edit; editor	5
19	获取	huòqǔ	【动】	to gain, to obtain	
20	途径	tújìng	【名】	approach	6
21	依赖	yīlài	【动】	to depend on	6
22	异常	yìcháng	【形】	abnormal	6
23	强烈	qiángliè	【形】	intense	5
24	饥渴	jīkě	【形】	hungry and thirsty	
25	用户	yònghù	【名】	user, customer	6
26	具备	jùbèi	【动】	to possess, be provided with	5

拓展词语

1	视频	shìpín	【名】	video	
2	点击	diǎnjī	【动】	to click	
3	短信	duǎnxìn	【名】	short message	5
4	彩信	cǎixìn	【名】	multimedia message (MMS)	
5	特刊	tèkān	【名】	special issue	
6	动态	dòngtài	【名】	dynamic state	6
7	抗震救灾	kàng zhèn jiù zāi		to strive against the earthquake and provide disaster relief	
8	互联网	hùliánwǎng	【名】	internet	6

专有名词

1	北京奥运会	Běijīng Àoyùnhuì	Beijing Olympic Games
2	江西	Jiāngxī	name of a province
3	中国移动	Zhōngguóyídòng	China Mobile
4	《我和你》	Wǒ Hé Nǐ	*You And Me,* the theme song for the 2008 Beijing Olympic Games
5	新华社	Xīnhuá Shè	Xinhua News Agency

| 6 | 汶川 | Wènchuān | name of a place |
| 7 | 中国联通 | Zhōngguó Liántōng | China Unicom |

语言点

1 以

介词，表示"用，依靠"，引进条件、方式、工具等，用于书面语。例如：

① 开通于2007年10月的江西手机台，正式以新媒体身份进入并运营于2008奥运会国际新闻中心。

② 儿子以总分650分的好成绩被一所名牌大学录取了。

③ 我以朋友的身份劝你不要这么做。

④ 小陈以自己的能力和人品得到了同事们的信任。

2 强烈　激烈

强烈

形容词，表示力量很大、强度很高、极明显。常用于描写光线、感情、气味等方面。例如：

① 当社会发生重大变化时，或在重大事件中，人们急于从媒体了解各种新闻事实，往往表现出强烈的信息饥渴，对媒体的依赖性明显增强。

② 高原上阳光太强烈，要小心晒伤。

③ 在观众的强烈要求下，电视台重播了这个电视剧。

④ 他们两个人的性格对比强烈，一个是急性子，一个是慢性子。

激烈

形容词，表示气氛紧张，常用于描写辩论、比赛、战斗、竞争等方面。例如：

① 篮球比赛中，双方为了得到投球机会，争抢非常激烈。

② 这两个人意见不同，正在激烈地争论，谁也说服不了谁。

③ 院长职位的竞争很激烈。

④ 这项运动太激烈了，不适合老年人。

辨析"强烈"和"激烈"

（1）搭配的词语不同。用在动词前时，"强烈"常与"反对、要求、希望、推荐"等搭配；"激烈"一般与"争吵、争论、辩论、打斗"等搭配。例如：

① 现在不少人强烈反对延迟退休年龄的做法。（不可用"激烈"）

② 为了财产问题，他们两兄弟激烈地争吵了起来。（不可用"强烈"）

（2）与名词搭配时，"强烈"多用于描写光线、感情、心理、气味等；"激烈"则主要用于描写辩论、比赛、战斗、竞争等方面。例如：

① 好书能够引起人们强烈的阅读兴趣和阅读愿望。（不可用"激烈"）
② 2012伦敦奥运会上，林丹和李宗伟的羽毛球决赛十分激烈。（不可用"强烈"）

❸ 于（2）

用于动词后，引进时间、处所、来源，相当于"在"或"从"。例如：

① 开通于2007年10月的江西手机台，正式以新媒体身份进入并运营于2008奥运会国际新闻中心，自主参与奥运会相关来源。
② 毛泽东出生于湖南湘潭。
③ 他1998年毕业于清华大学。
④ 石库门来源于江南民居的住宅形式。

❹ 分别

副词，表示各自做某事或处理某情况。例如：

① 震后第三天，由新华网负责编辑，中国移动和中国联通分别推出了《抗震救灾手机报》。
② 大家对筹备校庆的问题分别谈了自己的看法，提了很多建议。
③ 最近，科威特的两种石油气价格分别提高了70美元/公吨和105美元/公吨。
④ 我们班的同学分别来自亚洲、欧洲和美洲的十几个国家。

❺ 该　本

该

代词，表示上文说过的人或事物。用于书面语。例如：

① 该手机报分彩信、短信两种形式，每日两期，主要报道抗震救灾的最新情况。
② 该产品质量可靠，价格合理，目前在市场上比较受欢迎。
③ 该校历史悠久，人才辈出，是我国985工程重点建设的大学之一。
④ 该同学品学兼优，曾经被评为我校优秀留学生。

本

代词，后跟名词。

（1）表示自己方面的。例如：

① 本人姓李，木子李。
② 龙井茶是本地最好的茶叶。

③ 本文讲述的是一位山村女医生的感人故事。
④ 本公司因业务需要，现招聘销售人员若干名。

（2）"本 + 时间名词"表示现在的这个时间。例如：

① 本周，哈尔滨迎来了入冬以来的第一场雪。
② 2012年大学英语四六级考试将于本月开考。
③ 本年度，奥斯卡最佳女主角奖获奖者为梅丽尔·斯特里普。
④ 专家认为，世界上约7000种语言到本世纪末将可能消失。

 辨析 "该"和"本"

"该"后面的名词必须为上文已经提过的人或事物，而"本"是指说话人所在的一方。例如：

① 三亚是我国热带沿海城市，该市拥有丰富的太阳能资源。
② 受冷空气影响，本市今明两天将降温4-5度，同时伴有6级大风。

6 对于/对……而言

表示从某人、某事的角度来看，一般用于句首。口语中可用"对……来说"。例如：

① 对于公众而言，手机媒体越来越显示出强大的吸收力。
② 写汉字对于欧美学生而言，是汉语学习中最大的困难。
③ 对于罗兰而言，每一种经历都是一种成长经验，是人生的财富。
④ 对于企业而言，公平管理会给员工带来"家"的感觉。

练习

一 选词填空

> 预示　途径　战略　累计　动态　视频　点击　主题

1. 目前购买火车票主要有四种（　　）。
2. 奥运会期间，每天我一上网，就立刻（　　）关于中国队的新闻。
3. 他今天的演讲（　　）是保护环境。
4. 日本发生福岛大地震以后，大家每天都很关心那儿的最新（　　）。
5. 沃尔玛超市的经营（　　）是"薄利多销"、"顾客至上"等。
6. 为帮助我们练习视听说，老师有时会给我们看一些网上的（　　）。
7. 王伟最近突然看不清黑板了，这（　　）着他的眼睛可能开始近视了。
8. （　　）到今年年底，这家汽车公司销售量将超过100万辆。

二 连线

强烈　　短信
积极　　反对
异常　　纪录
打破　　现象
编辑　　父母
具备　　节目
依赖　　响应
欣赏　　条件

三 模仿造句

1. 开通<u>于</u> 2007 年 10 月的江西手机台，正式以新媒体身份进入 2008 奥运会国际新闻中心，自主参与奥运会相关采访。

   美国前总统克林顿 / 毕业 / 耶鲁大学法学院
   京沪高速铁路客运专线 / 运营 /……2011 年 6 月 30 日
   我 / 出生……

2. 开通于 2007 年 10 月的江西手机台，正式<u>以</u>新媒体身份进入 2008 奥运会国际新闻中心，自主参与奥运会相关采访。

   罗兰 / 一分钟 250 字的速度 / 获得了打字比赛第一名
   这次期中考试 / 彼得 /……290 的总分
   在悉尼奥运会上 / 刘翔 /……12 秒 91

3. 震后第三天，由新华网负责编辑，中国移动和中国联通<u>分别</u>推出《抗震救灾手机报》。

   舞蹈队的队员 / 来自 / 各个年级 / 年龄有大有小
   这次回国 / 彼得 / 送给父母 /……
   这两个品牌的手机 /……

4. 震后第三天，由新华网负责编辑，中国移动和中国联通分别推出《抗震救灾手机报》。<u>该</u>手机报分彩信、短信两种形式，每日两期。

   近日某博物馆失窃 / 据调查 / 丢失物品是 / 博物馆内最贵的油画
   李军已被一家大公司录用了 / 世界 500 强之一 /……
   北京大学是中国名校 /……

5. 对于公众而言，手机媒体越来越显示出强大的吸引力。

> 消费者 / 价廉物美的商品 / 是最受欢迎的
> 外国学生 / 写一篇800字的汉语作文 / ……
> 普通人 / 幸福就是……

6. 当社会发生重大变化时，或在重大事件中，人们急于从媒体了解各种新闻事实，往往表现出强烈的信息饥渴，对媒体的依赖性明显增加。

> 他每次写文章 / 要改好几遍 / 才满意
> 长途旅行回来后 / 比较疲劳 / ……
> 女人化妆以后 / ……

7. 当社会发生重大变化时，或在重大事件中，人们急于从媒体了解各种新闻事实，往往表现出强烈的信息饥渴。

> 保证食品安全 / 是 / 老百姓 / 愿望
> 这幅画中 / 黑与白两种色彩 / 形成了……
> 李进高中毕业后想骑自行车去西藏旅游 / 但……

8. 地震一发生，新华社和中国移动就迅速响应，并于次日联合推出特刊。特刊及时向广大手机报读者传递了灾情新闻和最新动态。

> 交通警察 / 处理了那起交通事故 / 道路很快畅通了
> 她突然昏倒 / 送到医院 / ……
> 使用电脑时 / 更新软件 / ……

四 完成句子

1. ＿＿＿＿＿＿＿＿＿＿＿＿＿＿＿＿＿＿＿＿＿，最后巴西队险胜法国队。（激烈）
2. 由于中小学生作业负担太重，家长们＿＿＿＿＿＿＿＿＿＿＿＿＿＿＿＿。（强烈）
3. 这家饭店＿＿＿＿＿＿＿＿＿＿＿＿＿＿＿，至今已有100年的历史。（V+于）
4. 沃尔玛是世界上最大的连锁零售企业，＿＿＿＿＿＿＿＿＿＿＿＿＿＿＿＿。（该）
5. 外科医生的工作相当辛苦，遇到大手术时，＿＿＿＿＿＿＿＿＿＿＿＿＿＿。（往往）
6. ＿＿＿＿＿＿＿＿＿＿＿＿＿＿＿＿＿，现在最重要的事就是写好论文，顺利毕业。

（对……而言）

7. A：昨天的足球比赛谁赢了？

B：＿＿＿＿＿＿＿＿＿＿＿＿＿＿＿＿＿＿＿＿＿＿＿＿＿＿＿＿＿＿。（以）

8. A: 这学期我们班谁获得奖学金了？你知道吗？

   B: _____。（分别）

五 改错

1. 王海用全班 28 票的票数被大家选为班长。

2. 这项工程结束在去年 10 月份。

3. 王凡想去非洲工作，没想到他的父母热烈反对。

4. 我各自在韩国和中国工作过一段时间。

5. 南京的地铁四号线将于下半年动工，本地铁工程共设车站 17 个。

6. 今天这场球赛中国队意义重大，关系到能否小组出线。

7. 珍妮是个很用功的女生，往往她考试前复习到深夜。

8. 现在发布上海市天气预报：该市明天阴有雨，最高气温 28 度。

六 排序

1. A 这些简单的数字显示出手机媒体强大的传播功能
   B 此外，奥运手机报以短信和彩信方式提供奥运信息，每日读者超 1200 万
   C 据中国移动统计，到 2008 年 8 月 19 日，超过 100 万人用手机欣赏了精彩的奥运节目

2. A 地震一发生，新华社和中国移动就于次日推出特刊《今天，我们都是汶川人》
   B 及时向广大手机报读者传递了灾情新闻
   C 北京奥运会之前，中国汶川地区发生了大地震

3. A 主要报道抗震救灾的最新情况
   B 该手机报分彩信、短信两种形式
   C 震后，中国移动和中国联通分别推出《抗震救灾手机报》

4. A 二是异常性依赖
   B 一是日常性依赖
   C 美国传播学家认为，受众对媒介的依赖主要有两种情况

5. A 这一特性会使人们在发生重大事件时，对手机媒体产生依赖
   B 人们对媒体的异常依赖主要通过第一时间的信息传递来体现
   C 手机媒体有"随时随地"，甚至"随身随手"的特性

七 根据课文内容判断正误，对的打√，错的打×

1. 北京奥运会使用的媒体形式全部是传统媒体。
2. 江西手机台的身份是手机媒体。
3. 奥运会期间，几十万人通过江西手机台收看奥运会比赛节目。
4. 奥运手机报传送信息的方式是视频。
5. 手机媒体的传播功能强大。
6. 汶川大地震期间，手机媒体是人们获取信息的最主要途径。
7. 根据传播学家的看法，受众对媒介的依赖主要是日常性依赖。
8. 目前，我国的手机媒体用户还不多，不成规模。

八 复述

根据本文，请说说手机媒体对于2008年北京奥运会的报道有什么贡献？可参考下列内容。
- 欣赏视频
- 下载主题歌
- 提供比赛信息

九 表达

1. 现在你最喜欢哪种媒体形式？为什么？

2. 你认为和传统媒体形式相比,手机媒体有什么优势和缺点?

要求:四人为一个小组。

首先,小组成员依次发言,讨论手机媒体和传统媒体相比有哪些优点和缺点,时间总计 10 分钟。

然后,小组成员共同制作一张对比表,时间 5 分钟。

最后,推选一人代表小组,向全班说明本组的观点。

副课文

"百搭"手机充电器

现在一个家庭有四五个手机充电器不是什么奇怪的事,仅欧盟国家每年因此产生的电子垃圾就超过5万吨。今年2月8日,欧盟公布了首款手机通用充电器样品。这种新型充电器通过一个微型USB插头给手机充电。欧盟希望这款充电器将适用于今后生产的所有手机。相信在不久的将来,一个手机充电器就可以搞定N个手机,成为名副其实的"百搭"手机充电器。

统一手机充电标准是一项环保行为。据全球移动通信系统协会预测,执行新的手机充电器标准,每年可减少5万多吨的多余充电器,并随之减少1360万吨的温室气体排放。欧盟表示,通用充电器进入市场后,今后还有可能逐步发展到笔记本电脑、数码相机、MP3等数码产品上。

"百搭"手机充电器的设计标准得到了众多手机生产商的支持,目前支持这一标准的手机生产商已达到14家,包括苹果、摩托罗拉、诺基亚、三星等。这些手机生产商在欧盟市场上的占有率达到90%以上。长期使用专有接口的苹果也出现在支持名单中,这让众多苹果"粉丝"感到惊喜,也让业界感到意外。不过,这个"信号"也说明"百搭"手机充电器的消费形势看好。

词语表

基础词语

1	公布	gōngbù	【动】	to announce	5
2	通用	tōngyòng	【动】	to be used universally	6
3	样品	yàngpǐn	【名】	sample	6
4	微型	wēixíng	【形】	minitype	

5	适用	shìyòng	【动】	to apply, to be suitable for use	5
6	名副其实	míngfùqíshí		to be true to the name	6
7	项	xiàng	【量】	item	5
8	预测	yùcè	【动】	to forecost	
9	多余	duōyú	【形】	superfluous	5
10	逐步	zhúbù	【副】	gradually	5
11	数码	shùmǎ	【名】	digital	5
12	占有率	zhànyǒulǜ	【名】	market share	6
13	名单	míngdān	【名】	list	
14	粉丝	fěnsī	【名】	fans	
15	形势	xíngshì	【名】	situation	5

拓展词语

1	充电器	chōngdiànqì	【名】	charger	5
2	温室气体	wēnshì qìtǐ		greenhouse gases	
3	笔记本	bǐjìběn		laptop computer	4
4	数码相机	shùmǎ xiàngjī	【名】	digital camera	
5	接口	jiēkǒu	【名】	interface	
6	百搭	bǎi dā		all-purpose, easy matching	
7	业界	yèjiè	【名】	in the field, in the industry	

专有名词

1	欧盟	Ōuméng	【名】	European Union
2	摩托罗拉	Mótuōluólā		Motorola
3	诺基亚	Nuòjīyà		Nokia
4	三星	Sānxīng		Samsung
5	全球移动通信系统协会	Quánqiú Yídòng Tōngxìn Xìtǒng Xiéhuì		The GSM Association

思考题

1. 什么叫"百搭"手机充电器?
2. 手机的通用充电器是什么时候、在哪儿诞生的?
3. 为什么要设计手机通用充电器?
4. 除了应用于手机,通用充电器今后还可能向什么方面发展?
5. 对于统一手机充电器的设计标准,手机生产商的态度是怎样的?
6. 如果你去旅行,会带几个电子产品,几个充电器?

13 "凉茶"的新定位

课文

2010年中国凉茶销量2500万吨，超过可口可乐全球销量，可在2002年以前，凉茶的消费群只有广东和广西等南方地区，它在饮料市场里所占的销售份额并不多，利润上升的空间也不大。凉茶为什么在中国其他省市，尤其在北方地区活跃不起来呢？经过调查分析，有人找到了一个很有意思的文化原因：除了广东和广西等地以外，"凉茶"在其他地方人们的概念中就是"凉"的开水，尤其是北方人长期以来一直有"不喝凉茶，喝热茶"、"喝了热茶长精神"的观念，而内地的消费者真正需要"降内火"时，大多是通过服用清热解毒类的药物来解决的。所以向这些人群询问："你知道凉茶吗？"大部分人回答："是一种降内火的中药吧！"凉茶之所以不被内地和北方接受，原因之一就是这个凉茶到底是什么东西，未必人人都了解。

实际上，凉茶跟可口可乐一样，也是一种日常饮料，只是这种饮料中含有中草药成分，具有降内火的效果罢了。认识到人们对"凉茶"的理解差别后，南方某饮料公司产品开发人员觉得有必要对凉茶的广告主题再定位，必须消除人们对凉茶的误会，同时又要突出"降火"的功能。在经过了多次尖锐激烈的争论之后，开发人员终于搞清楚了两种市场情况。一个是需求市场："上火"不利健康，这个常识人们都明白，因此凉茶完全可以打入全国市场。另一个是同类商品的对手市场：可乐、果汁饮料等产品虽然好喝，但主要定位在"解渴"上；菊花茶、清凉茶等虽然也有中草药成分，但主要定位在艺术性的"品茶"

上。它们都没在"预防上火"这个功能上做文章,因此公司决定把凉茶的主题定位在"预防上火的饮料"上,配合这个定位的广告是"吃烧烤容易上火,喝一罐先预防一下"、"火锅可能会让你上火,但这时候不必吃药,可以试试凉茶"。

该公司正是抓住了"怕上火"这一大众心理,给自己的产品做了准确的定位。这个定位使产品突破了凉茶概念的地域局限,使消费者明白这样一个好处:喝凉茶就是喝"预防上火的饮料",从而使消费者确立并巩固了喝凉茶可以"预防上火"的理念。正如该公司代表所说:我们给凉茶概念重新做了定位,只要有中国人的地方,凉茶就能生存下去。由此可见,一个产品要获得生命力,必须给它准确定位。

词语表

基础词语

1	地区	dìqū	【名】	region, area	5
2	活跃	huóyuè	【形】	active	5
3	概念	gàiniàn	【名】	concept	5
4	以来	yǐlái	【名】	since	5
5	内地	nèidì	【名】	inland, interior	5
6	询问	xúnwèn	【动】	to enquire	5
7	未必	wèibì	【副】	can not be sure	5
8	成分	chéngfèn	【名】	component	5
9	差别	chābié	【名】	difference	5
10	尖锐	jiānruì	【形】	intense, acute	5
11	争论	zhēnglùn	【动】	to dispute, to argue	5
12	常识	chángshí	【名】	common sense	5
13	对手	duìshǒu	【名】	opponent	5
14	品	pǐn	【动】	to taste sth. with discrimination	5
15	配合	pèihé	【动】	to cooperate	5
16	烧烤	shāokǎo	【动】	to roast; barbecue	5

17	罐	guàn	【量】	jar, tin	6
18	火锅	huǒguō	【名】	Chinese hot pot	
19	不必	búbì	【副】	need not	5
20	局限	júxiàn	【名】	limitation, restriction	6
21	确立	quèlì	【动】	to set up	6
22	巩固	gǒnggù	【动/形】	to consolidate; firm	6
23	理念	lǐniàn	【名】	idea, philosophy	
24	可见	kějiàn	【连】	it is obvious that	5

拓展词语

1	凉茶	liángchá	【名】	herbal tea
2	销量	xiāoliàng	【名】	sales volume
3	份额	fèn'é	【名】	share
4	清热	qīng rè		to clear heat
5	解毒	jiě dú		to relieve internal heat, to detoxify
6	定位	dìng wèi		to fix position position-setting
7	上火	shàng huǒ		to suffer from excessive internal heat
8	菊花茶	júhuāchá	【名】	chrysanthemun tea
9	清凉茶	qīngliángchá	【名】	refrigerant tea

专有名词

1	广东	Guǎngdōng	name a province
2	广西	Guǎngxī	name a province
3	可口可乐	Kěkǒukělè	Coca-Cola

语言点

❶ 群

表示聚在一起的人或物。前面多为名词（短语）。例如：

① 在2002年以前，凉茶的消费群只有广东和广西等南方地区，它在饮料市场里

所占的销售份额并不多。

② 故宫是中国现存最大的古代宫殿建筑群。

③ 我最近加入一个摄影爱好者的QQ群。

④ 这种护肤品面向的用户群是亚洲中老年女性。

2 ……以来

表示从过去到现在的一段时期。常用于句首。例如：

① 北方人长期以来一直有"不喝凉茶，喝热茶"、"喝了热茶长精神"的观念。

② 今年5月以来，济南市因酒后开车造成的交通事故比以往减少了。

③ 开学以来，李老师工作一直都很忙。

④ 大学毕业以来，他已经跳过三次槽了。

3 未必　不必

未必

副词，表示不一定。例如：

① 凉茶之所以不被内地和北方接受，原因之一就是这个凉茶到底是什么东西，未必人人都了解。

② 我觉得他刚才说的未必是真话。

③ 我们的方案未必不行，不管怎么样，我们得试一试。

④ 别人觉得好的，你未必觉得好。

不必

表示没有必要，不需要。例如：

① 您不必担心我，我能照顾好自己。

② 考试已经结束了，你就不必再去想了。

③ 展览会九点才开始，我们不必这么早出发。

④ 你不必着急，我有办法。

辨析 "未必" 和 "不必"

语义不同："未必"表示不一定；"不必"表示不需要。例如：

① 一个学生懂了，别的学生未必懂。

② 我未来的女朋友不必很漂亮，但是必须善良、温柔。

4 实际上

一般用于句首或动词前，表示后面说的内容是真实的。例如：

① 实际上，凉茶跟可口可乐一样，也是一种日常饮料。
② 一位学者认为，贸易自由化实际上是一个政治问题。
③ 实际上，你说的道理他全懂，只是没有决心去做。
④ 很多事情说起来容易，可实际上做起来没那么容易。

5 正如……所 + 动词

正如：就像。"正如……所说"表示"就像……说的那样"。例如：

① 正如该公司代表所说：我们给凉茶概念重新做了定位，只要有中国人的地方，凉茶就能生存下去。
② 正如古人所说，"失败乃成功之母"。小张从几次失败中找到了原因，最后他终于成功了。
③ 正如那首歌所唱的，"人生就是旅途"。
④ 正如你所看到的，这款洗衣机容量大、噪音小，而且外形美观，它是我们公司今年研发的新一代产品。

6 由此可见

连词，表示根据上文所说的情况推出某个结论。常用于后一句句首。"由此可见"的语气比"可见"更加强烈而肯定。例如：

① 由此可见，一个产品要获得生命力，必须给它准确定位。
② 在这次交通事故中，乘客们都系了安全带，所以没有受伤。由此可见，系安全带多么重要啊！
③ 那家饭店的顾客一直特别多，由此可见，他们的饭菜一定非常好吃。
④ 一项研究报告指出："吸引顾客再次光顾的因素，首先是服务质量的好坏，其次是产品质量，最后才是价格"。由此可见，随着社会的进一步发展，服务在商品竞争中将占有十分重要的地位。

 练习

一 选词填空

> 定位　份额　对手　局限　活跃　概念　配合　常识

1. 凉茶在中国饮料市场已经占据了非常大的（　　　）。

2. 公司开发新产品，首先会对它做出合适的（　　），找出合适的消费群。
3. 这场足球比赛，中国队的（　　）是韩国队。
4. 凉茶的（　　）到底是什么？为什么中国北方人和南方人的理解会不同呢？
5. 那个儿童电视节目很有意思，现场的小观众们积极参与，非常（　　）。
6. 三位歌手边唱边跳，（　　）得非常好。
7. 网上购物很方便，但是也有（　　）性，比如，有时买到的东西和图片相差很多。
8. 这本书介绍了许多有用的生活小（　　）。

二 连线

巩固　　　　问题
争论　　　　明显
确立　　　　知识
询问　　　　理念
地域　　　　成分
差别　　　　尖锐
中药　　　　病情
批评　　　　文化

三 模仿造句

1. 在2002年以前，凉茶的消费群只有广东和广西等南方地区。

> 这家公司要求 / 对客户 / 进行分类 / 提供不同产品和服务
> 这款游戏软件 / 用户……/ 16~20岁的年轻人
> 在上海外滩 /……

2. 北方人长期以来一直有"不喝凉茶，喝热茶"、"喝了热茶长精神"的观念。

> 数据显示 / 4月底 / 全国的猪肉价格持续上涨
> 老王 / 退休 / 生活一直……
> 这家商场的空调销量 /……

3. 凉茶之所以不被内地和北方接受，原因之一就是这个凉茶到底是什么东西，未必人人都了解。

> 虽然你比我高 / 但你的力气 / 比我大
> 这种苹果又红又大 / 看起来很好吃 / 但是……
> 这个问题好像很简单 /……

4. 实际上，凉茶跟可口可乐一样，也是一种日常饮料。

> 她看起来30岁左右 / 她已经40多岁了
> 一开始 / 我以为她是日本人 / ……
> 汤姆告诉妈妈他做完作业了 / ……

5. 正如该公司代表所说：我们给凉茶重新做了定位，只要有中国人的地方，凉茶就能生存下去。

> 朋友 / 介绍 / 这本小说真的很好看
> 老师 / 说 / 坚持到底就是胜利 / 我终于……
> 这里风景如画 / ……

6. 火锅可能会让你上火，但这时候不必吃药，可以试试凉茶。

> 我只去苏州玩两天 / 带那么多东西
> 你可以嫁给我吗 / 马上回答……
> 这只是小测验 / ……

7. 实际上，凉茶跟可口可乐一样，也是一种日常饮料。只是这种饮料中含有中草药成分，具有降内火的效果罢了。

> 这台洗衣机质量没有任何问题 / 旧了一点儿
> 他其实是个不错的人 / 你不了解他……
> 这两台打印机是一个牌子的 / ……

8. 由此可见，一个产品要获得生命力，必须给它准确定位。

> 经过一学期的努力 / 王峰的听力水平有了巨大进步 / 只要功夫深，铁杵磨成针
> 今天有听写考试 / 大卫错得很厉害 / ……
> 他的话前后矛盾 / ……

四 完成句子

1. _____，张明还没有跟以前的大学同学聚会过。（……以来）
2. 虽然麦克在中国工作，但是_____。（未必）
3. 田中的汉语很流利，我们都觉得他一定学了好几年了，可是_____
_____。（实际上）
4. 今天来参加晚会的人，_____。（大多）
5. 学完的词语几天就忘了，_____。（可见）
6. 时间还早，_____。（不必）

7. 这两种凉茶味道差不多，_____。（只是……罢了）

8. A：你看《杜拉拉升职记》那个电影了吗？
   B：看了，_____。（正如……所说）

五 改错

1. 目前，智能电视的种类有限，这使得它的消费人们范围很窄。

2. 以来汉语角成立，为留学生创造了练习汉语、结交朋友的好机会。

3. 你不能小看我，修车这种活儿，我们女的不必做不了。

4. 朋友们都夸我的包漂亮、时尚，实际它不是名牌，非常便宜。

5. 正如教育专家："父母的习惯在很大程度上会影响孩子的一生。"

6. 这次数学考试丽丽错了不少，可知，她还有一些问题没有完全理解。

7. 如果在"降内火"上写文章，可以使产品获得准确的定位。

8. 这种苹果也很甜，只有小一些罢了。

六 排序

1. A 可在2002年以前，凉茶的消费群只有广东和广西等南方地区
   B 凉茶为什么在中国北方地区活跃不起来呢
   C 2010年中国凉茶销量2500万吨，超过可口可乐全球销量

2. A 实际上，凉茶跟可口可乐一样，也是一种日常饮料
   B 只是这个饮料中含有中草药成分，具有降内火的效果罢了
   C 凉茶之所以不被内地和北方接受，原因之一是这个凉茶未必人人都了解

3. A 一个是需求市场:"上火"不利健康,这个常识人们都明白,因此凉茶完全可以打入全国市场
   B 在经过了多次尖锐激烈的争论之后,开发人员终于搞清楚了两种市场情况
   C 另一个是同类商品的对手市场:可乐、果汁饮料等产品虽然好喝,但主要定位在"解渴"上

4. A 给自己的产品做了准确的定位
   B 该公司正是抓住了"怕上火"这一大众心理
   C 这个定位使产品突破了凉茶概念的地域局限

5. A 我们给凉茶概念重新做了定位
   B 由此可见,一个产品要获得生命力,必须给它准确定位
   C 只要是有中国人的地方,凉茶就能生存下去

七 根据课文内容判断正误,对的打√,错的打 ✗

1. 2002 年以前,凉茶的消费群是中国南方大部分地区。
2. 2002 年以前,凉茶在饮料市场上占很大份额。
3. 北方人和南方人对凉茶的理解一样。
4. 在北方人的观念中,"降内火"大多通过服药解决。
5. 凉茶和可口可乐是同一类饮料。
6. 南方某饮料公司对凉茶的广告主题进行了新的定位。
7. 凉茶的新定位是"它是治疗上火的饮料"。
8. 凉茶的新定位取得了成功。

八 复述

说说南方某饮料公司为什么要把凉茶定位为"预防上火的饮料"?可使用下列词语。

中草药成分　降内火　消除　　误会　突出　功能
对手市场　　突破　　凉茶概念　地域　局限

九 表达

1. 你最喜欢喝的饮料品牌是什么？为什么？这个饮料品牌的广告语是什么？你认为它的产品定位是什么？

2. 某公司准备开发新的儿童饮料产品，推向上海市场。你可以帮助他们确定一种有竞争力的产品定位吗？

要求：四位同学组成一个小组。

首先，课前做市场调查，四人分工调查目前上海主要的儿童饮料品牌有哪些，它们各自的产品定位是什么。

然后，共同分析调查结果，根据产品的定位对现有品牌进行分类。

接着，讨论儿童顾客的需求和目前市场上还没有满足的需求。之后，设计出有竞争力的新的产品定位。

最后，课上，推选出两人作小组代表，向全班说明经过调查研究，本小组提出的产品定位及依据。

副课文

瓶盖上有几个齿

你一定喝过矿泉水吧？你可能会注意矿泉水的商标，选择自己喜欢的品牌。可是你数过矿泉水瓶盖上有几个齿吗？也许你会说，谁会关心瓶盖上有几个齿呢？不过，下面故事中的主人公可以给你答案。

他叫宗庆后，知道这个名字的人不多，但没喝过他公司产品的人却很少——"娃哈哈"。"喝了娃哈哈，生活乐哈哈"这则广告早已传遍中国。宗庆后就是"娃哈哈"集团的创始人。有一家电视台做了一期人物访谈节目，嘉宾就是宗庆后。这个42岁才开始创业的杭州人，曾经做过15年的农民，田野里的活儿都干过，骑三轮车载过客，还卖过冰棍儿……在短短的20年里，他创造了一个商业奇迹，把一个连他在内只有三名员工的校办企业，打造成了中国饮料行业的著名企业。

在那次人物访谈节目中，主持人问了宗庆后很多人们感兴趣的问题，有关于他创业的、关于娃哈哈公司的、关于打造民族品牌的……突然，主持人从身后拿出一瓶普通的娃哈哈矿泉水，问了宗庆后三个问题。

第一个问题："这瓶娃哈哈矿泉水的瓶口有几圈螺纹？"

"3圈。"宗庆后想都没想，回答道。主持人数了数，果然是3圈。

第二个问题："矿泉水的瓶身有几道螺纹？"

"8道。"宗庆后还是不加思索地答道。主持人数了数，只有6道啊！宗庆后笑着告诉她，上面还有两道。果然主持人漏数了两道。

主持人拧开矿泉水瓶，考虑了一会儿提出了第三个问题："您能告诉我们，这个瓶盖上有几个齿吗？"

观众都吃惊地看着主持人，大家不明白采访时间很宝贵，为什么问这个似乎很无聊的，或者显得故意为难人的问题呢？

宗庆后看着主持人，微笑着说："你观察得很仔细，我告诉你，一个普通的矿泉水瓶盖上一般有15个齿。"

主持人吃惊地睁大了眼睛："这个您也知道？我来数数。"主持人数了一遍，真是15个，又数了一遍，还是15个。主持人站起来，做了这期节目的最后总结："观众朋友们，关于财富的神话，总是让人充满好奇。一个拥有170亿元身价的企业家，管理着几十家公司和两万人的团队，开发生产了几十个品种的饮料产品，每天需要决定处理多少复杂的事务？可是，他连他的矿泉水瓶盖上有几个齿，都了如指掌。也许我们可以从中看到，他是怎样成为亿万富翁的。"

主持人话刚说完场上便响起了热烈的掌声。

词语表

基础词语

1	齿	chǐ	【名】	a tooth-like part of anything	
2	矿泉水	kuàngquánshuǐ	【名】	mineral water	5
3	集团	jítuán	【名】	group	6
4	嘉宾	jiābīn	【名】	honored guest	5
5	田野	tiányě	【名】	field	5
6	载	zài	【动】	to load, to carry, to hold	
7	冰棍儿	bīnggùnr	【名】	ice lolly, popsicle	
8	不假思索	bùjiǎ-sīsuǒ		without thinking	
9	漏	lòu	【动】	to leave out, to leak	5
10	拧	nǐng	【动】	to twist, to screw	6
11	宝贵	bǎoguì	【形】	valuable, precious	5
12	睁	zhēng	【动】	to open (eyes)	5
13	财富	cáifù	【名】	wealth	6
14	神话	shénhuà	【名】	myth, legend	5
15	拥有	yōngyǒu	【动】	to possess	6

16	事务	shìwù	【名】	business, work	6
17	创业	chuàng yè		to start an enterprise	6
18	了如指掌	liǎorúzhǐzhǎng		to know sth. like the palm of one's hand	
19	掌声	zhǎngshēng	【名】	applause	

拓展词语

1	商标	shāngbiāo	【名】	trademark	6
2	访谈	fǎngtán	【动】	to interview	
4	身价	shēnjià	【名】	social status	
5	团队	tuánduì	【名】	team	
6	富翁	fùwēng	【名】	rich man	
7	主人公	zhǔréngōng	【名】	protagonist	
8	创始人	chuàngshǐrén	【名】	originator	
9	打造	dǎzào	【动】	to construct	
10	螺纹	luówén	【名】	screw thread	

思考题

1. 文中的"亿万富翁"是谁？
2. 在他的集团公司，最有名的产品是什么品牌？
3. 这个"亿万富翁"有哪些人生经历？
4. 在访谈节目中，主持人问了宗庆后关于矿泉水瓶的什么问题？
5. 对主持人的问题，宗庆后回答正确了吗？
6. 你认为宗庆后为什么能成功？

14 社交网好在哪里

课文

社会交际网络服务，简称社交网（SNS），是近几年互联网新媒体中一类重要的应用服务，它的飞速发展使人们不得不刮目相看。在社交网络行业内，脸书（Facebook）是目前最受欢迎的，它排名社交网站首位。据了解，脸书的用户数已超过3.4亿。超高的用户数与点击量不仅为脸书带来强大的人气，也带来了巨大的利益。

是什么原因使脸书如此迅速地强势发展呢？

首先，重视部分网络条件较差地区用户的体验，以保证用户的使用速度。许多用户使用脸书的最初目的是为了社交，他们最渴望的是快速获取信息，而对小游戏等功能并不很感兴趣。因此，社交网站不能只追求开发越来越多的功能，简化与速度仍是必须坚持的基本原则。

其次，积极吸收微博的一些技术特点，以紧跟技术发展的潮流。据了解，之前脸书已引入了推特（Twitter）大部分的标志性功能，例如群组共享、实时搜索及类似推特的单向"关注"功能。这表明脸书正积极吸收推特的优点，取长补短。

第三，重视支持多种操作系统与终端，以扩大用户的使用范围。面对手机新媒体的迅速发展，脸书推出了手机专用版本的应用程序。例如，2008年8月发布的苹果手机（iPhone）上的脸书应用程序，至2009年9月该程序的下载量已高达1200万，在2008年度最受欢迎的苹果手机平台免费应用程序中排名第二。

第四，重视开发信息对接功能，在促进信息共享的同时提高访问量。脸书全体用户每月共享超过10亿张照片和1000万个视频，并发布包括动态更新、网络链接和博客文章在内的10亿条内容。在收购另一家社交网站（Friendfeed）后，脸书用户现在可以搜索到好友以及该网站众多注册用户发布的新闻链接、热门话题和状态更新等。全方位的信息对接与共享将使得社交网站的信息利用率大大提高，也就自然会使得访问量继续提高。

第五，吸引大企业进入社交网站进行品牌宣传，扩大了脸书的影响力。2009年8月，《金融时报》称有超过80%的美国广告大客户都在使用脸书做推广，这表明美国企业已接受社交网站成为主要广告平台。许多大品牌纷纷加入到脸书用户中，星巴克与可口可乐等的"粉丝"都有几百万之多，这是对脸书平台价值的充分肯定。

第六，尝试有社交网站特色的盈利方式，发掘众多好友与粉丝的价值。2009年，某网络广告公司推出一项脸书好友买卖服务，用户可以出钱购买好友或粉丝。可见，社交网站已经被当成了一个非常有效的营销工具。

从目前来看，包括脸书在内的社交网站还处于高速发展期，但是各种挑战时刻存在，需要各社交网站未雨绸缪，努力在技术、内容与营销方面继续创新，以保持高速的发展。

词语表

基础词语

1	交际	jiāojì	【动】	to intercommunicate	5
2	简称	jiǎnchēng	【动/名】	to abbreviate; abbreviation	
3	飞速	fēisù	【副】	boom, soaring	
4	刮目相看	guāmù-xiāngkàn		to look at sb. with new eyes	
5	首位	shǒuwèi	【名】	top, the first place	
6	人气	rénqì	【名】	popularity	
7	如此	rúcǐ	【副】	so, such	

8	强势	qiángshì	【形】	arrogant, aggressive	
9	渴望	kěwàng	【动】	to be keen for	6
10	简化	jiǎnhuà	【动】	to simplify	6
11	原则	yuánzé	【名】	principle	5
12	跟	gēn	【动】	to follow	
13	潮流	cháoliú	【名】	trend	6
14	类似	lèisì	【动】	to resemble	6
15	单向	dānxiàng	【形】	one-way	
16	取长补短	qǔcháng-bǔduǎn		to learn others' strong points to offset one's weakness	
17	版本	bǎnběn	【名】	edtion	6
18	全体	quántǐ	【名】	all, whole	
19	更新	gēngxīn	【动】	to update	6
20	注册	zhùcè	【动】	to register	5
21	热门	rèmén	【名】	hot, in great demand	6
22	方位	fāngwèi	【名】	direction, orientation	6
23	推广	tuīguǎng	【动】	to popularize, to generalize	5
24	表明	biǎomíng	【动】	to indicate	5
25	尝试	chángshì	【动】	to attempt	6
26	盈利	yíng lì		to make a profit	6
27	发掘	fājué	【动】	to excavate	
28	挑战	tiǎo zhàn		to challenge	5
29	时刻	shíkè	【名/副】	time; always, constantly	5
30	未雨绸缪	wèiyǔ-chóumóu		to prepare for a rainy day; to take precautions before it is too late	

拓展词语

1	群组	qúnzǔ	【名】	group
2	共享	gòngxiǎng	【动】	to share
3	实时	shíshí	【副】	actual time
4	操作系统	cāozuò xìtǒng		operating system

5	终端	zhōngduān	【名】	terminal
6	应用程序	yìngyòng chéngxù		app, application program
7	收购	shōugòu	【动】	to buy, to acquire
8	营销	yíngxiāo	【动】	to market; marketing
9	对接	duìjiē	【动】	to dock

专有名词

1	脸书	Liǎnshū	Facebook
2	推特	Tuītè	Twitter
3	《金融时报》	Jīnróng Shíbào	*Financial Times*
4	星巴克	Xīngbākè	Starbucks

语言点

❶ 不得不

表示因为没有更好的办法或选择，才这样做。和"只好"相比，"不得不"的无奈或被迫意味更强。例如：

① 社交网是近几年互联网新媒体中一类重要的应用服务，它的飞速发展使人们不得不刮目相看。
② 他不得不承认，对方的球打得非常漂亮，看来今天是遇到强劲对手了。
③ 市中心的房价太高，小杨夫妇不得不买了一处位置较远的房子。
④ 在双方父母的反对下，他俩不得不分手了。

❷ 以（2）

连词，表示目的，相当于"为的是"，后面跟动词短语。例如：

① 重视部分网络条件较差地区用户的体验，以保证用户的使用速度。
② 积极吸收微博的一些技术特点，以紧跟技术发展的潮流。
③ 重视支持多种操作系统与终端，以扩大用户的使用范围。
④ 公司最近安排了加班任务，以保证能够按期交货。

③ 率

lǜ，名词，表示两个相关的数在一定条件下的比值。例如：

① 全方位的信息对接与共享将使得社交网站的信息利用率大大提高，也就自然会使得访问量继续提高。
② 调查显示，国内15家银行的刷卡成功率最高为99%，而最低为11%。
③ 据统计，近年来，世界上许多国家的离婚率都在迅速上升。
④ 2012年8月8日，人民币对美元的汇率是：6.358人民币元=1美元。

④ 特色　特点

特色

名词，指事物所表现的独特风格、色彩、设计等，一般指优点。例如：

① 尝试有社交网站特色的盈利方式，发掘众多好友与粉丝的价值。
② 每次旅游，罗兰都喜欢收集一些有民族特色的东西，比如当地的工艺品、茶具、小首饰等。
③ 圣诞晚会上，同学们的表演各有特色，有非洲舞蹈，也有中国相声。
④ 这家饭店很有特色，古色古香，用餐时还伴有中国的古典民族音乐。

特点

名词，表示人或事物具有的独特的方面。例：

① 那款手机的特点是时尚、小巧、功能多样，虽然价格贵一些。
② 这个菜的特点是色、香、味三者俱全，而且营养丰富。
③ 小美的特点是办事快，但是也比较粗心。
④ 在湖南，有些地方话的语音有一个特点——"n"、"l"不分。

> 辨析 "特色" 和 "特点"

（1）"特点"既可以用来介绍事物，也可以用来写人，可以是优点，也可以是缺点。而"特色"常用于文学、艺术活动及景物，一般指优点。例如：

① 小刘的特点是性子比较急。（不可以用"特色"）
② 老吴有一个特点，每天晚饭后要出去散散步。（不可以用"特色"）

（2）"特点"是对事物自身各方面性质的概括。"特色"是通过在同类事物间比较，得出自己相对其他的突出差别，比如风格、形式等。例如：

① A："这家酒吧有什么特色？"
　　B："它是旧上海式的酒吧。"

② A："这家酒吧这么有名，它有什么特点呢？"
　 B："它的特点是环境好，有爵士乐和现场的歌舞表演，人不是很多。"

（3）"特色"可以作定语，"特点"不可。例如：

① 你们饭店的特色菜是什么？
② 到了西安，别忘了尝尝那里的特色小吃。

❺ 时刻

副词，表示"每时每刻、每一分钟（都）"。例如：

① 目前来看，包括脸书在内的社交网站还处于高速发展期，但是各种挑战时刻存在，需要各个社交网站未雨绸缪。
② 她开车时很小心，时刻保持着注意力集中。
③ 你爬山的时候要时刻小心啊！
④ 病人还没有脱离危险期，需要时刻观察他的情况。

❻ 之 + 形容词

"之"是结构助词，书面语。

（1）"（数量词）+ 之 + 形容词"表示数量多、程度高。例如：

① 许多大品牌纷纷加入到脸书用户中，星巴克与可口可乐等的"粉丝"都有几百万之多，这是对脸书平台价值的充分肯定。
② 来参加会议的人数达 500 人之多。
③ 这个学生的总分达 650 分之高，是全校第一名。
④ 他从事这项研究已达 20 年之久。

（2）在一个句子的主语和谓语间加"之"，构成名词性短语。例：

① 这次去杭州旅游，终于体会了西湖之美。
② 在上下班高峰时间，车速之慢，真让人头疼。
③ 这次改革影响之深远，是前所未有的。
④ 这个城市房价之贵，令人吃惊。

一 选词填空

> 未雨绸缪　取长补短　刮目相看　注册　盈利　人气　交际　原则

1. 张明平时成绩一般，这次考了100分，同学们都对他（　　　）。

2. 作为一个公司，要想不被别人打败，需要（　　），不断增强自身的优势。

3. 我们每个人都应该学习他人的优点，（　　）。

4. 巴菲特做投资有一个（　　），即"要寻找和发现未来十年利润能够持续增长的公司"。

5. 如果你要在微博上发评论，首先要（　　）成为微博用户。

6. 大卫的朋友很多，他的（　　）能力很强。

7. 中国运动员孙杨获得奥运会游泳比赛金牌后，在国内（　　）大涨，成为又一位体育明星。

8. 这家公司2012年上半年（　　）1.68亿元，比上半年同期增长了48.75%。

二 连线

紧跟	产品
推广	态度
发掘	潮流
表明	人才
挑战	版本
更新	对手
共享	话题
热门	资源

三 模仿造句

1. 社交网是近几年互联网新媒体中一类重要的应用服务，它的飞速发展使人们<u>不得不</u>刮目相看。

> 天气预报说明天有大雨／学校的运动会／延后一个星期
> 星期天那个活动很重要／我……
> 我最近得了重感冒／……

2. 重视部分网络条件较差地区用户的体验，<u>以</u>保证用户的使用速度。

> 这家酒店不断改进服务质量／提高顾客的满意度
> 那家美发店最近进行了全面装修／提高竞争力……
> 大学生应适当参加一些社会活动／……

3. 全方位的信息对接与共享将使得社交网站的信息利用率大大提高。

> 本学期 / "商务英语"这门课 / 及格 / 达到了99%
> 今年复兴中学大部分学生都考上了大学 / ……
> 日本近年的人口 / ……

4. 社交网站处于高速发展期，但是各种挑战时刻存在，需要各社交网站未雨绸缪。

> 消防队员 / 准备着应对 / 各种火灾事故
> 她很爱美 / 注意自己的形象……
> 足球队员们在球场上 / ……

5. 尝试有社交网站特色的盈利方式，发掘众多好友与粉丝的价值。

> 张老师的口语课 / 轻松有趣 / 还常组织学生进行话剧表演
> 那家酒吧 / 气氛很好 / 因此……
> 这家饭店 / 新疆 / ……

6. 要积极吸收微博的一些技术特点，以紧跟技术发展的潮流。

> 四川菜 / 主要 / 是 / 麻、辣、香
> 这种车 / 性价比高 / 省油……
> 她对新买的空调很满意 / ……

7. 许多大品牌纷纷加入到脸书用户中，星巴克与可口可乐等的"粉丝"都有几百万之多。

> 中国有文字可以证明的历史 / 已有 / 四千多年 / 久
> 那座水库 / 几十米……
> 万里长城 / ……

8. 中国高三学生的压力之大，我能理解。

> 法语 / 难 / 我有一些体会
> 前不久我去登了一次黄山 / 黄山……
> 那个地区的交通 / ……

(四) 完成句子

1. 后天就要考试了，可是大卫还有很多没复习，_____。（不得不）
2. 手机充电器将实行统一标准，_____。（以）

3. 如果一个男生送给一个女生玫瑰花，_____。（表明）

4. 2010年上海举办世博会，_____。（之）

5. 智能手机具有独立的操作系统，并且接入网络后，_____。（时刻）

6. A：安娜，这个心理测试准不准啊？

　　B：_____。（率）

7. A：您好！请问你们想吃点儿什么？

　　B：哦，我第一次来你们饭店，请给我们介绍一下_____。（特色）

8. A：这次数学期中考试你考得好吗？在班里排第几呀？

　　B：_____。（排名）

五 改错

1. 今天没办完手续，明天不得不我再去一趟。

2. 学校准备扩建留学生宿舍，目的创造条件增加招生人数。

3. 我们班同学学习都很认真，上课的出勤量一般都是100%。

4. 和女朋友在一起，他随时也不愿意离开。

5. 儿童的心理特色之一是他们对亲人有强烈的依恋感。

6. 昨天我们去了一家日本特点的饭馆儿。

7. 在比赛开始前，球星们为灾区捐款的总金额达50万这样多。

8. 今年这种发型很潮流。

六 排序

1. A 社会交际网络服务，简称社交网，是近几年互联网新媒体中一类重要的应用服务

　　B 据了解，脸书的用户数已超过3.4亿

　　C 在社交网站行业内，脸书是目前最受欢迎的

2. A 因此，社交网站不能只追求开发越来越丰富的功能，简化与速度仍是必须坚持的基本原则
   B 对小游戏等功能并不很感兴趣
   C 许多用户最初使用脸书的目的是为了社交，希望快速获得信息

3. A 这表明脸书正积极吸收推特的优点，取长补短
   B 例如群组共享、实时搜索及类似推特的单向"关注"功能
   C 据了解，脸书已引入了推特大部分的标志性功能

4. A 可见，社交网站已经被当成了一个非常有效的营销工具
   B 2009年，某网络广告公司推出一项脸书好友买卖服务
   C 用户可以出钱购买好友或粉丝

5. A 但是各种挑战时刻存在，需要社交网站努力在技术、内容、营销方面继续创新
   B 从目前来看，社交网站处于高速发展期
   C 以继续保持高速的发展

七 根据课文内容判断正误，对的打√，错的打×

1. 社会交际网络服务是网络媒体刚刚推出的新服务形式。
2. 在社交网站中最受欢迎的是脸书。
3. 脸书十分重视开发游戏等多种娱乐功能。
4. 脸书吸收了微博技术，引入了它所有的标志性功能。
5. 脸书的应用程序不能在手机上使用。
6. 在脸书上，用户可以共享大量的照片、视频等信息。
7. 美国的大企业还没接受社交网站这种广告平台，不愿意通过社交网站进行品牌宣传。
8. 包括脸书在内的社交网站还需要在技术、内容等方面创新，才能保持高速发展。

八 复述

根据本文，以脸书为代表的社交网为什么很受欢迎？可使用下列词语。

重视　用户　保证　速度　支持　操作系统　扩大　范围
开发　功能　促进　信息　共享　影响力　有效　营销　工具

九 表达

1. 你上过脸书网站吗？你对这个网站有哪些个人体会？

2. 你扮演一位记者，你的同学们扮演大学生。你计划调查"目前最受大学生欢迎的网站是什么网站？为什么喜欢？它有什么特点？"现在你开始在校园里随机采访学生，一共采访了六位。根据采访结果，你交给报社一份新闻报道。

网站名字	特　点	喜欢的原因
1		
2		
3		
4		
5		
6		

副课文

乔布斯与苹果

2007年7月29日,世界上又一项充满人类智慧的成果问世了,它就是苹果公司设计并推出的移动电话iPhone。新颖独特、功能全面的iPhone使苹果公司的股票大幅上涨。一年后,苹果公司发布新一代iPhone 3G,再次引起了全球轰动。

当你使用iPhone的时候,你是否知道是谁开创了苹果公司?这个始终领导移动电话新潮流的公司创始人是谁?他就是极具创造力的企业家、信息行业永远的创新者史蒂夫·乔布斯。

1955年美国加利福尼亚州的一对夫妇领养了一个婴儿,给他取名史蒂夫·乔布斯。乔布斯夫妇差不多把所有的钱都花在培养儿子身上,不过,乔布斯上大学后由于不喜欢大学的课程,很快就退学了。

1976年,21岁的乔布斯与26岁的沃兹尼亚克在自家的车库里成立了苹果公司。他们制造了世界上首台个人电脑,取名为"苹果1号"。后来,乔布斯曾一度离开苹果,创立了NeXT电脑公司,并在1995年推出了全球首部全3D立体动画电影《玩具总动员》。1997年9月,乔布斯重新返回苹果公司担任首席执行官。随后,苹果电脑推出深受大众欢迎的操作系统,并借助iPod系列和iTunes音乐商店,成为数字音乐销售冠军。2009年乔布斯被《财富》杂志评选为"十年最佳CEO",同年当选《时代》周刊"年度风云人物"之一。2011年10月5日,乔布斯因胰腺癌去世。

乔布斯是改变世界的天才,他凭着过人的智慧和勇于改革的创新精神,把复杂的电子产品变得简约化和平民化,使之成为现代普通百姓生活中的一部分。

乔布斯曾对斯坦福大学的学生们这样说:"你们的时间很有限,所以不要将时间浪费在重复其他人的生活上，不要被教条束缚，那意味着你和其他人思考的结果一起生活，也不要被其他人的观点掩盖住你自己内心的声音。我总是希望自己能够那样：求知若饥，虚心若愚。现在，在你们即将毕业、开始新的旅程的时候，我也希望你们能这样：求知若饥，虚心若愚。"

词语表

基础词语

1	问世	wènshì	【动】	to come out, to be published	6
2	新颖	xīnyǐng	【形】	novel, new and original	6
3	轰动	hōngdòng	【动】	to cause a great sensation	6
4	开创	kāichuàng	【动】	to start, to initiate	
5	始终	shǐzhōng	【副】	from beginning to end	5
6	领养	lǐngyǎng	【动】	to adopt	
7	培养	péiyǎng	【动】	to foster, to train	5
8	课程	kèchéng	【名】	course, curriculum	5
9	车库	chēkù	【名】	garage	5
10	立体	lìtǐ	【形】	three-dimensional, stereoscopic	6
11	动画	dònghuà	【名】	cartoon	5
12	冠军	guànjūn	【名】	champion	5
13	佳	jiā	【形】	fine	
14	当选	dāngxuǎn	【动】	to be elected	6
15	勇于	yǒngyú	【动】	to have the courage to	6
16	简约	jiǎnyuē	【形】	brief, concise	
17	重复	chóngfù	【动】	to repeat	5
18	教条	jiàotiáo	【名】	dogma, doctrine	
19	束缚	shùfù	【动】	to tie, to bind	6
20	意味着	yìwèizhe	【动】	to mean, to signify	6
21	掩盖	yǎngài	【动】	to cover, to conceal	6

| 22 | 即将 | jíjiāng | 【副】 | to be about to | 6 |
| 23 | 旅程 | lǚchéng | 【名】 | journey | |

拓展词语

1	首席执行官	shǒuxí zhíxíngguān		CEO, chief executive officer
2	风云人物	fēngyún rénwù		man of the moment
3	胰腺癌	yíxiàn'ái	【名】	pancreas cancer

专有名词

1	史蒂夫·乔布斯	Shǐdìfū Qiáobùsī	Steve Jobs
2	加利福尼利	Jiālìfúníyà	California
3	沃兹尼亚克	Wòzīníyàkè	Wozniak
4	《玩具总动员》	Wánjù Zǒngdòngyuán	*Toy Story*
5	《财富》	Cáifù	*Fortune*
6	《时代》	Shídài	*Time*
7	斯坦福大学	Sītǎnfú Dàxué	Stanford University

注释

求知若饥，虚心若愚：qiú zhī ruò jī, xū xīn ruò yú   stay hungry, stay foolish

思考题

1. iPhone 是什么时候，在哪儿诞生的？
2. 乔布斯在青少年时期的经历是怎样的？
3. 苹果公司成立之初，乔布斯取得了什么成就？
4. 你认为乔布斯对人类的贡献是什么？
5. 乔布斯鼓励斯坦福的毕业生们应该怎样走自己的人生道路？
6. 你用过苹果公司的产品吗？如果用过，谈谈你的使用感受以及对乔布斯的看法。

15 道歉的学问

课文

马路上,一辆摩托车撞上了一辆自行车。骑自行车的女孩摔倒在地上,摩托车主一看女孩没受什么伤,就一句话也没说,骑上摩托扬长而去。被撞的女孩和几个在现场的市民都为摩托车主的不文明行为感到愤怒,于是他们把摩托车号码告诉了交通管理处。

交通管理处责令摩托车主向女孩道歉。一周后,女孩收到了一则手机短信,解释了当时为什么不道歉的种种理由。这个道歉丝毫没打动女孩,她的家人还打算向法庭上诉,告摩托车主道德败坏罪。女孩认为:摩托车主的道歉不但迟到了,而且毫无诚意。

为什么摩托车主向女孩道歉了,却得不到女孩的原谅呢?心理学家认为,最佳道歉时机是在意识到错误后的48小时内,也就是说道歉的时间越早越好。因为从事故的加害方来说,主动道歉拖得越久,就越会觉得不好意思开口;而从受害方来说,对方的道歉来得越晚,委屈感、受欺负感也就越深,越容易愤怒。

"最佳"道歉并不是人人都会的。有一种道歉与其说是表达惭愧,不如说是强调理由。左一个"因为",右一个"但是",说来说去,就是反复强调所犯错误或过失的客观因素。把大责任说小,把小责任说成不要紧,把自己的责任推到他人身上。这种道歉千方百计地为自己开脱,对方肯定很难接受。另外,用短信传递歉意而不是当面或打电话直接道歉,更会显得诚意不足。

还有一种叫做"交换'没关系'"的道歉，这种道歉与其说是表达"对不起"，不如说是交换"没关系"。加害方在道歉之前，先摸清受害方的态度，如果对方肯原谅的话，那么道歉语就"深刻"些，如果没有和解可能的话，那道歉语就轻描淡写，这种道歉也是缺乏诚意的。

下面是心理学家关于"道歉"的研究，值得我们参考：

（1）在你说"对不起"的时候，别希望与对方说"没关系"做交换。

（2）在对方说"我错了"的时候，有时候你也需要说"我也做得不好"等让步的语言。彼此道歉，有利于化敌为友。

（3）在你说"我错了"之后，最好加上"我能做些什么来补偿你"之类的话，这会让受害方至少得到心理安慰。

（4）在你说"我一定不再做这样的事"之后，就必须制定改变的计划，并实现它。

（5）当你大大地伤害了对方时，原谅的主动权在对方手中。当对方不愿原谅你时，你需要等待时间并用你的行动来化解对方的怨恨。

不知道上面故事中的女孩与摩托车主的矛盾最后是否解决，但从他们的故事中，我们不仅可以吸取教训，还要懂得：道歉也是一门学问。

词语表

基础词语

1	学问	xuéwen	【名】	knowledge	5
2	摩托车	mótuōchē	【名】	motorcycle	5
3	扬长而去	yángcháng ér qù		to swagger off, to shake the sleeves and go haughtily	
4	文明	wénmíng	【形/名】	civilized; civilization	5
5	责令	zélìng	【动】	to instruct (sb. to fulfill a task)	
6	丝毫	sīháo	【形】	the slightest amount or degree, a bit	5
7	道德	dàodé	【名】	morality	5
8	败坏	bàihuài	【形/动】	corrupt; to ruin	6

9	罪	zuì	【名】	crime	
10	诚意	chéngyì	【名】	sincerity	
11	时机	shíjī	【名】	occasion, opportunity	6
12	错误	cuòwù	【名】	error, mistake	5
13	事故	shìgù	【名】	accident	6
14	欺负	qīfu	【动】	to bait, to ease	6
15	惭愧	cánkuì	【形】	to be ashamed of	5
16	犯	fàn	【动】	to commit	
17	因素	yīnsù	【名】	factor	5
18	不要紧	bú yàojǐn		not serious	5
19	千方百计	qiānfāng-bǎijì		to use every means to, to make every attempt to	6
20	开脱	kāituō	【动】	to exculpate, to absolve sb. from	
21	交换	jiāohuàn	【动】	to exchange	5
22	和解	héjiě	【动】	to become reconciled, to settle	6
23	轻描淡写	qīngmiáo-dànxiě		to mention lightly, to make light of	
24	参考	cānkǎo	【动】	to refer, to consult	5
25	让步	ràng bù	【动】	to make some concession	6
26	化敌为友	huàdí-wéiyǒu		to convert enemies into friends	
27	化解	huàjiě	【动】	to solve, to resolve, to settle	
28	怨恨	yuànhèn	【名/动】	resentment; to resent	
29	吸取	xīqǔ	【动】	to absorb	6
30	教训	jiàoxùn	【名/动】	lesson; to teach sb. a lesson	5
31	门	mén	【量】	measure word for course	

拓展词语

1	上诉	shàngsù	【动】	to appeal to
2	法庭	fǎtíng	【名】	court
3	告	gào	【动】	to accuse
4	加害方	jiāhài fāng		the party who injures others
5	受害方	shòuhài fāng		victim, the injured party

| 6 | 当事人 | dāngshìrén | 【名】 | party (to a lawsuit) | 6 |
| 7 | 过失 | guòshī | 【名】 | fault | 6 |

语言点

1 丝毫

形容词，表示极小或很少。主要用于否定句，与"不、没有"连用，加强否定。例如：

① 这个道歉丝毫没打动女孩，女孩的家人还打算向法院民事法庭上诉，告摩托车主道德败坏罪。
② 在那次新闻报道以前，我丝毫没有怀疑过奶粉的质量问题。
③ 有了GPS，开车时就丝毫不用担心迷路了。
④ 对于投资，我现在还没有丝毫的兴趣。

2 方

表示相对或并列的几个人或几项事物的某个方面。例如：

① 因为从事故的加害方来说，主动道歉拖得越久，就越会觉得不好意思开口；而从受害方来说，对方的道歉来得越晚，委屈感、受欺负感也就越深，越容易愤怒。
② 所谓"限购"，就是指对买方要求的购买数量进行一定的限制。
③ 这场比赛将非常激烈，因为双方都是强手。
④ 大卫的租房合同上写着：甲方是大卫，乙方是房东。

3 与其……，不如……

选择复句，表示取舍关系。说话人在比较两种情况之后，认为前者没有后者好，应当选取后者。"不如"的前面还可以加"还、倒"。例如：

① 我们与其骗她，不如告诉她真相。
② 与其买质量差的便宜货，还不如多花点儿钱买好的。
③ 这只是轻微的感冒，与其打针、吃药，还不如自己多休息休息。
④ 只有一站路，与其在这儿等公交车，倒不如我们自己走过去。

与其说……，不如说……

选择复句，表示对情况的判断。在说话人看来，前后两种判断中，后一种更正确些。例如：

① 有一种道歉与其说是表达惭愧，不如说是强调理由。
② 还有一种叫做"交换'没关系'"的道歉，这种道歉与其说是表达"对不起"，

不如说是交换"没关系"。

③ 这次考试他们班多数同学都考得不错，这与其说是老师教得好，不如说是同学们都很努力。

④ 这次滑冰比赛的失败，与其说是因为她年纪小、没经验，不如说她的技术水平还需要提高。

❹ 左一个……，右一个……

固定格式，表示某人或某物一个又一个地不断出现，强调数量多。常用于口语。例如：

① 左一个"因为"，右一个"但是"，说来说去，就是反复强调所犯错误的客观因素。
② 左一个困难，右一个困难，但接二连三的困难都没有让他放弃研究。
③ 播放电视连续剧的时候，左一个广告，右一个广告，影响观众看节目的心情。
④ 她对我左一个"谢谢"，右一个"谢谢"，反而让我觉得不好意思了。

❺ ……来……去

固定格式，表示某种动作反复进行。常用于口语。例如：

① 左一个"因为"，右一个"但是"，说来说去，就是反复强调所犯错误的客观因素。
② 她在房间里走来走去，焦急地等着电话。
③ 大家讨论来讨论去，最后决定这次郊游去植物园。
④ 我想来想去，还是想不出很好的办法。

❻ 值得

动词，表示这样做有好的结果，有价值或有意义。可带句子或动词作宾语。例如：

① 下面是心理学家关于"道歉"的研究，值得我们参考。
② 那个服务员把捡到的钱包还给了失主，她这种精神值得我们学习。
③ 这个问题很值得深思。
④ 如果成本太高，就不值得尝试。

❼ 之类

表示不全部列举出来，只举出同类中的一、二个代表。例如：

① 在你说"我错了"之后，最好加上"我能做些什么来补偿你"之类的话，这会让受害方至少得到心理安慰。
② 他儿子很喜欢吃汉堡包、比萨饼、炸薯条之类的洋快餐。
③ 小刘平时穿的都是名牌，如阿迪达斯、耐克之类。
④ 她是个文学迷，《西游记》、《三国演义》之类的名著她都读过。

练习

一 选词填空

扬长而去　千方百计　轻描淡写　参考　受害方　法庭　罪　因素

1. 为了写调查报告，我（　　）了网上的很多资料。
2. 那个男子犯了杀人（　　），将得到应有的惩罚。
3. 被撞的女孩把摩托车主告到了（　　），要求被告对她赔偿。
4. 他故意对自己的病情（　　），因为怕父母担心。
5. 那个摩托车主见他撞倒的女孩没受伤，竟然连道歉也没说，就（　　）。
6. 现在的大学生找工作很不容易，因此毕业前学校的老师（　　）为他们联系单位。
7. 在这起交通事故中，（　　）是那个骑自行车的人，加害方是骑摩托车的人。
8. 加油站的火灾是人为（　　）造成的，调查发现，有人在现场抽过烟并乱扔烟头。

二 连线

强调　　　怨恨
化解　　　理由
补偿　　　诚意
道德　　　损失
缺乏　　　败坏
等待　　　教训
交换　　　时机
吸取　　　意见

三 模仿造句

1. 这个道歉丝毫没打动女孩，她的家人还打算向法庭上诉，告摩托车主道德败坏罪。

王峰对这个工作 / 不感兴趣 / 因为他的目标是当企业家
他 / 为了救人 / 受了重伤 / 但是他 /……
突然下起了大雨 / 但是……

2. 因为从事故的加害<u>方</u>来说，主动道歉拖得越久，就越会觉得不好意思开口；而从受害方来说，对方的道歉来得越晚，委屈感、受欺负感也就越深，越容易愤怒。

> 房屋发生漏水问题后 / 昨天 / 建设 / 已要求 / 施工 / 立即组织抢修
> 是他的妈妈 / 是他的妻子 / 他应该帮谁说话呢……
> 上课进行辩论的时候 / ……

3. 有一种道歉<u>与其</u>说是表达惭愧，<u>不如</u>说是强调理由。

> 考试前开夜车 / 平时多做准备
> 在这里着急 / 想想应该怎么办……
> 呆在家里没事做 / ……

4. <u>左一个</u>"因为"，<u>右一个</u>"但是"，说来说去，就是强调所犯错误的客观因素。

> 政府 / 文件 / 政策 / 一直在尽力控制房价上涨
> 王总经理工作繁忙 / 电话……
> 我请他吃饭 / 可是……

5. 左一个"因为"，右一个"但是"，说<u>来</u>说<u>去</u>，就是强调所犯错误的客观因素。

> 我 / 在图书馆 / 查 / 终于找到了我需要参考的文章
> 他是快递员 / 工作就是 / ……
> 这件事让我犹豫不决 / ……

6. 下面是一位心理学家关于"道歉"的研究，<u>值得</u>我们参考。

> 这个讲座很有意思 / 去听一听
> 北京有很多名胜古迹 / 游玩……
> 这件衣服这么贵 / ……

7. 在你说"我错了"之后，最好加上"我能做些什么来补偿你"<u>之类</u>的话，这会让受害方至少得到心理安慰。

> 爱德华最感兴趣的是 /《海底两万里》《环游世界八十天》/ 科幻小说
> 她爱吃辣的菜 / 四川菜、湖南菜 / ……
> 我最喜欢看电影 / ……

8. 这个道歉丝毫没打动女孩，她的家人还打算向法庭上诉，告摩托车主道德败坏罪。

> 由于合作公司长期欠账不还 / 我们公司已向法院上诉 / 经济诈骗罪
> 昨天在赛场上发生了伤人事件 / 故意伤害罪 / ……
> 他居然结过两次婚 / ……

四 完成句子

1. 我给领导提了意见，没想到，＿＿＿＿＿＿＿＿＿＿，反而笑着夸我。（丝毫）
2. ＿＿＿＿＿＿＿＿＿＿，都没找到我以前的一本书，真奇怪！（……来……去）
3. 新生报到的手续很多，＿＿＿＿＿＿＿＿＿＿＿＿＿＿＿＿＿＿，近两个小时才总算办完了。（左一个……，右一个……）
4. A：今天的大学生辩论赛，正反双方是什么学校啊？
   B：＿＿＿＿＿＿＿＿＿＿＿＿＿＿＿＿＿＿＿＿＿＿。（方）
5. A：唉，家里那台老空调又坏了！怎么办呢？修一次要花很多钱。
   B：我看，＿＿＿＿＿＿＿＿＿＿＿＿＿＿＿＿。（与其……，不如……）
6. A：最近上映的那部电影你觉得怎么样？
   B：＿＿＿＿＿＿＿＿＿＿＿＿＿＿＿＿＿＿＿＿＿＿。（值得）
7. A：你们平时爱谈什么话题啊？
   B：＿＿＿＿＿＿＿＿＿＿＿＿＿＿＿＿＿＿＿＿＿＿。（之类）
8. A：你认为这起事故到底谁应该承担责任？
   B：＿＿＿＿＿＿＿＿＿＿＿＿＿＿＿＿＿＿＿＿＿＿。（从……来说）

五 改错

1. 球赛快开始了，虽然天气炎热，但丝毫影响球迷们观看比赛的热情。

2. 这次招聘会的主办方面是《人才市场报》报社及几所高校。

3. 不如先不告诉他们，与其让爸爸妈妈担心，以后再给他们惊喜。

4. 那人这样说一个好处，那样说一个好处，不停地向我推销保险。

5. 妈妈问来说去，就是想知道我的中国女朋友是什么样的人。

6. 你看这条裙子值得不值得1000块钱？

7. 珍妮擅长舞蹈和绘画，但是数学、物理一样的课，她都学不好。

8. 他开脱自己说："警察先生，我闯了红灯是因为别人都闯红灯啊！"

六 排序

1. A 骑自行车的女孩摔倒在地上
   B 一辆摩托车撞上了一辆自行车
   C 摩托车主一看女孩没受什么伤，就一句话也没说，骑上摩托扬长而去

2. A 交通管理处责令摩托车主向女孩道歉
   B 于是他们把摩托车号码告诉了交通管理处
   C 被撞的女孩和几个在现场的市民都为摩托车主的不文明行为感到愤怒

3. A 因为从事故的加害方来说，主动道歉拖得越久，就越会觉得不好意思开口
   B 道歉的时间越早越好
   C 而从受害方来说，对方的道歉来得越晚，委屈感、受欺负感也就越深

4. A 如果没有和解可能，那么道歉语就轻描淡写
   B 这种道歉也是缺乏诚意的
   C 如果对方肯原谅，那么道歉语就"深刻"些

5. A 原谅的主动权在对方手中
   B 当你大大地伤害了对方时
   C 你需要等待时间并用你的行动来化解对方的怨恨

七 根据课文内容判断正误，对的打√，错的打×

1. 摩托车撞了自行车后，摩托车主立刻向被撞的女孩道歉了。
2. 交通事故发生一周后，摩托车主打电话向被撞的女孩道歉了。

3. 被撞的女孩原谅了那个摩托车主。
4. 被撞的女孩认为那个摩托车主的道歉不是真心的。
5. 根据心理学家的看法，最佳的道歉时机是造成伤害后的 24 小时内。
6. 对加害方来说，道歉得越早，就越缺乏道歉的勇气。
7. 道歉之后，多想想怎样才能补偿对方，这有助于减轻受害方的痛苦。
8. 道歉之后，如果得不到对方的原谅，不再联系是个合适的做法。

八 复述

介绍文中撞车事件的经过和结果，可使用下列词语。

撞上　摔倒　扬长而去　行为　愤怒　责令　道歉　短信　解释
理由　丝毫　感动　上诉　法庭　告……罪　毫无诚意

九 表达

1. 文中，发生撞车事故后，骑自行车的姑娘没有受伤，摩托车主也道歉了，为什么骑车的姑娘还是要告摩托车主道德败坏罪呢？

2. 你扮演一位学习心理学专业的学生，另一位同学扮演你的好友。一天，你的好友心情不好，来找你聊天，他谈了发生的事情。原来因为别人的原因，发生了一件让他不愉快的事，别人虽然向他道歉了，他还是很生气。于是你利用你的心理学知识，给他分析了一下情况并安慰他。

副课文

学校是否有责任

主持人：这里是《大家说》节目，欢迎各位观众朋友。今天我们要讨论的话题是"学校是否有责任"。话题的背景情况是这样的：寒假的傍晚，一个小学三年级的学生在学校操场上滑冰时脚受伤了。孩子的家长把学校告上了法庭，起诉学校管理失职，要求赔偿医疗费。而学校并不接受这个指责，他们认为在这件事上学校管理并没有错，如果要求学校承担责任，完全属于无理要求。那么，学校到底有没有责任呢，请大家发表自己的看法。

李先生：我在居民小区物业管理处工作，我认为学校应该负责任。学校的操场和居民小区的健身广场差不多，都是公共活动场所。既然这个场所在你的管理范围内，你就要对这个范围内的事情负责。比如我们小区的健身广场上有人锻炼时受伤了，我们物业管理处得负一定的责任。

杨女士：我认为李先生的说法不见得对。学校的责任就是负责日常的教育行政管理。如果这方面管理不当，给学生或教职员工带来了伤害，那么学校法人就要承担责任。而这件事发生在寒假中，滑冰受伤只是个别现象，很明显这件事情的性质属于偶然不小心自伤，因此学校没有必然的责任。

周先生：如果受伤的是一个高中学生，那么我同意杨女士的看法。可小学三年级的孩子属于未成年人，他们的自我保护能力比较弱，所以对他们的管理，教育单位应该负更全面的责任。我在法律出版社工作多年，像这样的投诉信收到不少。我觉得判断是否有责任的标准主要是看学校是否尽到了"相当注意"义务。如果意识到危险而没有重视，或没有采取避免危害的措施，就可以认定学校未尽"相当注意"义务，那就要依法对产生的后果承担相应的责任。

王小姐：可我担心这个尽"相当注意"义务怎么评价？什么情况下可以说尽到了义务，什么情况应该说没尽到义务？事情发生后，大家是不是都可以用没尽到"相当注意"义务做借口，来向当事人单位要求赔偿？

周先生：王小姐这个疑问有道理。法律上的平衡责任原则就是用来处理这类民事矛盾的。这个原则是指当事人双方对损害性结果都没有过错，不过考虑到当事人的种种情况，由法院根据平衡原则，责令"加害人"给受害人一些适当的补偿。但是平衡责任原则的使用，一定要根据实际情况来决定，不能随心所欲。

主持人：今天大家讨论得很热烈。由于时间关系，今天我们就谈到这儿。谢谢大家的积极参与，我们下次再见！

词语表

基础词语

1	傍晚	bàngwǎn	【名】	evening	5
2	滑冰	huá bīng		to skate	5
3	家长	jiāzhǎng	【名】	parent	
4	失职	shī zhí		to neglect one's duty	
5	赔偿	péicháng	【动】	to compensate for	5
6	医疗	yīliáo	【名】	medical treatment	
7	指责	zhǐzé	【动】	to denounce	6
8	承担	chéngdān	【动】	to bear, to undertake	5
9	无理	wúlǐ	【动】	unreasonable	
10	居民	jūmín	【名】	resident	
11	场所	chǎngsuǒ	【名】	place, site	6
12	不见得	bújiàndé	【副】	not necessarily, may not	5
13	行政	xíngzhèng	【名】	administration	6

14	偶然	ǒurán	【形/副】	by accidental; accidentally	5
15	必然	bìrán	【形】	inevitable, certain	5
16	单位	dānwèi	【名】	unit (as an organization)	5
17	尽	jìn	【动】	to put to the best use	
18	义务	yìwù	【名】	obligation, duty	5
19	采取	cǎiqǔ	【动】	to take	5
20	相应	xiāngyìng	【动】	corresponding	6
21	评价	píngjià	【动/名】	to evaluate; assess, evaluation	5
22	借口	jièkǒu	【名】	excuse	5
23	平衡	pínghéng	【形】	balanced	5
24	随心所欲	suíxīnsuǒyù		to do as one pleases, to follow one's inclinations	5

拓展词语

1	起诉	qǐsù	【动】	to prosecute, to sue	
2	物业	wùyè	【名】	property, estate	6
3	法人	fǎrén	【名】	legal person	6
4	未成年人	wèichéngniánrén	【名】	minor, juveniles	
5	投诉	tóusù	【动】	to complain	
6	民事	mínshì	【动】	civil	

思考题

1. 《大家说》节目今天讨论了什么话题？
2. 对讨论的这一话题，李先生的看法是什么？为什么？
3. 杨女士为什么不同意李先生的看法？
4. 周先生同意谁的看法？为什么？
5. 法律上的平衡责任原则是什么意思？
6. 对于讨论的这个话题，你更同意谁的观点？为什么？

练习参考答案

第一课 幽默的作用

一

1. 轮流　2. 经营　3. 坚决　4. 推销　5. 意外　6. 承认　7. 订单　8. 项目

二

质量 —— 合格
灵活 —— 处理
现场 —— 表演
承认 —— 错误
展览 —— 大厅
课外 —— 实习
宣传 —— 产品
巧妙 —— 回答

五

1. 电影快开始了，<u>观众们陆续走进电影院</u>。
2. 小王想大学毕业后当一名中学老师。
3. 老师讲的笑话太有趣了，<u>同学们一下子都笑了起来</u>。
4. 他越讲，<u>我越不懂</u>。
5. <u>连下了五天雨</u>，我晒出去的衣服还没干。/ <u>雨连下了五天</u>，我晒出去的衣服还没干。
6. 这样做对消费者不利。/ 这样做<u>不利于消费者</u>。
7. <u>小李既参加了游泳比赛</u>，又参加了短跑比赛。
8. 李军<u>被这个公司聘为人事部经理</u>。

六

1. CAB　2. BCA　3. BAC　4. BCA　5. ABC

七

1. ×　2. ×　3. √　4. ×　5. ×　6. ×　7. ×　8. √

第二课 玻璃瓶照片墙

一

1. 名胜古迹　2. 手工　3. 佩服　4. 智慧　5. 创造　6. 灵巧　7. 打招呼　8. 惊讶

201

二

利用 —— 废物
公共 —— 通道
粘贴 —— 照片
节约 —— 汽油
排放 —— 二氧化碳
环保 —— 志愿者
浏览 —— 报纸
避免 —— 浪费

五

1. 他对这些艺术品感到非常惊讶。／这些艺术品让他感到非常惊讶。
2. 大量的工作使／让王经理很累。
3. 以后我尽量不迟到。
4. 我爸爸发起火儿来的时候，很吓人。
5. 我从来不用一次性筷子，因为很浪费。
6. 不但玛丽爱吃中国菜，而且安娜（也）爱吃中国菜。
7. 小张和李芳是一对恋人。
8. 随着汉语水平的提高，大卫对中国文化越来越有兴趣了。

六

1. BCA 2. CBA 3. ACB 4. BAC 5. BCA

七

1. × 2. × 3. × 4. × 5. √ 6. × 7. × 8. ×

第三课　玩具安全

一

1. 零件 2. 阻碍 3. 尺寸 4. 造成 5. 谨慎 6. 启发 7. 危害 8. 后果

二

拍 —— X光片
戴 —— 戒指
摘 —— 苹果
涂 —— 药膏
防止 —— 生病
模仿 —— 父母
移动 —— 桌椅
浸泡 —— 衣服

五

1. 我没做完作业，现在还不能出去玩儿。
2. 大卫只顾打电子游戏，没有听见手机响。
3. 今天天气一下子变冷了，昨天还是25度，今天是15度。
4. 玛丽学习很努力，所以她取得了很好的成绩。
5. 这位医生有把握治好那个孩子的病。
6. 因为费用很高，我们的活动计划受到了阻碍。/ 过高的费用阻碍了我们的活动计划。
7. 看中文电影有益于提高汉语听力水平。
8. 和同学用英语聊天对汉语学习没有好处。

六

1. BCA   2. CAB   3. BAC   4. CAB   5. CBA

七

1. √   2. ×   3. √   4. ×   5. ×   6. √   7. ×   8. ×

第四课　石库门老上海的名片

一

1. 难怪   2. 象征   3. 怀念   4. 标志   5. 资料   6. 来源   7. 占   8. 采用

二

播放 —— 广告
普通 —— 住宅
特征 —— 明显
敲击 —— 键盘
五十 —— 年代
统计 —— 数据
穿着 —— 时髦
居住 —— 环境

五

1. 老师，我没听懂，您能重复一遍吗？
2. （在）总体上，我明白他的意思。
3. 他来自美国。
4. 据电力部门统计，每天8：00至21：00是市民用电的高峰时段。
5. 去年，上海的常住老年人口达/占总人口的22.9%。
6. 我所有的鞋子里，皮鞋占了90%左右。
7. 这孩子发烧了，难怪又哭又闹。
8. 足球比赛中，数千名观众一起为运动员们喊"加油"。

六

1. ACB 2. BAC 3. CBA 4. BAC 5. BAC

七

1. × 2. × 3. × 4. × 5. √ 6. × 7. × 8. ×

第五课 花博士谈"花"茶

一

1. 新陈代谢 2. 延长 3. 似乎 4. 排除 5. 性质 6. 营养 7. 价值 8. 吸收

二

庆祝 —— 毕业
制作 —— 蛋糕
鲜艳 —— 无比
伸展 —— 身体
消除 —— 疲劳
青春 —— 魅力
天然 —— 食物
情绪 —— 安定

五

1. 突然，我眼前一黑，差点儿摔倒。
2. 那孩子很淘气，一个个玩具都被他弄坏了。
3. 今天，安娜显得不太开心。
4. 为了防止流感传播开来，学校决定放假一周。／学校为了防止流感传播开来，决定放假一周。
5. 别说下去了，你的意思我都懂了。
6. 中国各地的生活习惯很不一样，拿饮食习惯来说，广东人喜欢先喝汤再吃菜，可是北方人一般先吃饭菜，最后才喝汤。
7. 上海菜微甜，和四川菜完全不一样。／上海菜有点儿甜，和四川菜完全不一样。
8. 常喝玫瑰花茶，能够消除疲劳，保持精神良好。

六

1. CBA 2. CBA 3. BAC 4. CAB 5. CAB

七

1. × 2. × 3. × 4. × 5. √ 6. × 7. × 8. ×

第六课 她改变了一个国家的态度

一

1. 召集 2. 业余 3. 持续 4. 忽视 5. 自觉 6. 家喻户晓 7. 对象 8. 立法

二

集中 —— 力量
发表 —— 讲话
采访 —— 名人
拍摄 —— 影片
宣布 —— 计划
生存 —— 状况
告别 —— 家乡
传递 —— 信息

五

1. 快上课了，<u>学生们接二连三地走进了教室</u>。
2. 今天她做事时一直不大说话，<u>显然</u>，她有心事。
3. 经过调查，那批鸟都死于"<u>禽流感</u>"病毒。
4. <u>凡是水果</u>，他几乎都喜欢吃。
5. 今天老师布置的作业很多，<u>学生们忍不住向老师抱怨</u>。
6. 北方人所理解的"凉茶"和南方人所理解的"凉茶"意思不太一样。
7. 有办法了，<u>可以把这条绳子和那条绳子连接起来</u>，这样就够长了。
8. <u>在全体队员的努力下</u>，他们的比赛取得了胜利。

六

1. ACB　2. BAC　3. BCA　4. BAC　5. BAC

七

1. ×　2. ×　3. ×　4. ×　5. ×　6. ×　7. √　8. ×

第七课　农活儿中的智慧

一

1. 风土人情 2. 农业 3. 前途 4. 从事 5. 体验 6. 感想 7. 成果 8. 良性循环

二

消灭 —— 害虫
生意 —— 兴旺
收入 —— 可观
传播 —— 病菌
承包 —— 农田
收获 —— 果实
接触 —— 外界
有机 —— 肥料

五

1. 听说这次比赛你得了第一，<u>真是可喜可贺啊</u>！
2. 我经常自己做饭。自己做饭，<u>一来便宜，二来方便</u>。
3. 玛丽来中国学习两年以后，<u>汉语大有进步</u>，现在能够比较流利地会话了。
4. 对公司将开始的新项目，<u>员工们纷纷给出了自己的建议</u>。
5. <u>在刘教授的带动下</u>，一些年轻老师的工作积极性很高。
6. 大卫是个直率的人，<u>心里有什么（就）说什么</u>。
7. 刘强对他现在住的房子不太满意，房租贵，上班又远，所以他准备搬家。
8. 星期六，朋友邀请我们一起吃晚饭，<u>于是我们就答应了</u>。

六

1. CAB 2. CBA 3. CBA 4. BAC 5. BAC

七

1. √ 2. × 3. × 4. × 5. √ 6. √ 7. × 8. ×

第八课　什么是创造

一

1. 溶 2. 试验 3. 兴致勃勃 4. 改造 5. 性价比 6. 化学反应 7. 失业 8. 了不起

二

伤口 —— 愈合
长途 —— 运输
化验 —— 血液
善于 —— 观察
透明 —— 物质
神秘 —— 事物
抽象 —— 人物
廉价 —— 商品

五

1. <u>切森堡</u>把这种东西命名为"凡士林"。
2. 小刘的母亲得了重病，<u>为了照顾好母亲</u>，她向公司请了一个多月的假。
3. 王新在果树外围种了竹子，<u>这样一来</u>，他每年还能收获鲜竹笋呢。
4. 大卫写错了一个汉字，他把"太"写成"大"了。
5. 没想到用了这种化妆品后，<u>皮肤不但没有变白</u>，反而发炎了。
6. <u>据说</u>，这个房产公司的大老板以前是一个军人。
7. 爷爷现在记忆力不太好了，视力也差了，<u>因为年纪大了</u>。
   /<u>由于年纪大了</u>，爷爷现在记忆力不太好了，视力也差了。
8. 推销产品，<u>要善于推测顾客的心理</u>。

六

1. BAC 2. BAC 3. CBA 4. BCA 5. ACB

七

1. × 2. √ 3. × 4. × 5. × 6. × 7. √ 8. ×

第九课　汽车仪表盘的过去、现在与未来

一

1. 相似 2. 大势所趋 3. 优势 4. 掌握 5. 智能化 6. 一目了然 7. 特色 8. 区域

二

维修 —— 汽车
提示 —— 问题
处理 —— 考试
模拟 —— 答案
样式 —— 奇特
应用 —— 广泛
配备 —— 助手
彻底 —— 淘汰

五

1. 当罗兰想家的时候，她常常会给爸爸妈妈打电话。
2. 那所学校考试的时候用摄像机录像，学校领导说，<u>这样做是为了便于老师监考</u>。
3. 别看这件衣服价格便宜，<u>可是质量不太好</u>。
4. <u>我随时都欢迎你来我家玩儿</u>。
5. 在我看来，<u>飞机的安全性远远高于火车</u>。
6. 马上就要毕业了，<u>班上的同学大多已经找到了工作</u>。
7. 他这次托福英语考试考得很不好，<u>看来今年出国的事毫无希望了</u>。
8. 昨天，市房管部门的负责人表示，<u>目前政府正在研究有关房屋出租的管理办法</u>。

六

1. BAC 2. CBA 3. CAB 4. BCA 5. CAB

七

1. × 2. × 3. √ 4. × 5. √ 6. √ 7. √ 8. ×

第十课　投资还是投机

一

1. 背景 2. 危机 3. 账户 4. 待遇 5. 金融 6. 股票 7. 破产 8. 一旦

二

疯狂 —— 推测
提出 —— 投资
分析 —— 忠告
收益 —— 下跌
维持 —— 股市
主观 —— 价值
盲目 —— 生活
内在 —— 稳定

(疯狂-股市, 提出-忠告, 分析-价值, 收益-下跌, 维持-生活, 主观-推测, 盲目-投资, 内在-稳定)

五

1. 妈妈正在准备晚饭，<u>她一面炒菜，一面煮饭</u>。
2. 为了早日治好您的病，<u>您得严格按照医生的要求吃药、休息</u>。
3. <u>凭我对麦克的了解</u>，他不会做出这样的事。
4. 太危险了，<u>刚才他几乎撞到了一个老太太</u>。
5. 这首歌的故事<u>来源于周杰伦的亲身经历</u>。
6. <u>我以6000元的价格</u>买到了一台二手笔记本电脑。
7. 这种自行车是<u>为学生而专门设计</u>的山地车。
8. <u>在听取工会意见的基础上</u>，这家公司大幅度提高了员工的待遇。

六

1. BAC 2. CBA 3. BAC 4. BCA 5. CAB

七

1. × 2. × 3. × 4. × 5. √ 6. × 7. √ 8. ×

第十一课　何丽娜谈管理经验

一

1. 原先 2. 当场 3. 领导 4. 约束 5. 辅导 6. 踏实 7. 损失 8. 逃避

二

外资 —— 部门
人事 —— 企业
气氛 —— 计划
完善 —— 想法
沟通 —— 热烈
性格 —— 方案
取消 —— 开朗
修改 —— 制度

(外资-企业, 人事-部门, 气氛-热烈, 完善-制度, 沟通-想法, 性格-开朗, 取消-计划, 修改-方案)

五

1. 爱德华曾在中国某（个）城市工作过两年。
2. 这事做起来倒不难，但比较麻烦。
3. 对于农民工，城市居民不应该轻视他们。
4. 冬季是火灾多发的季节，千万不能忽视防火工作。
5. 哪怕今天不睡觉，他也得做完那个工作。
6. 今天我下班后顺便去超市买点儿菜。
7. 阿里之所以口语很好，是因为他交了不少中国朋友。
8. 他正是警察要找的人。

六

1. CBA 2. BAC 3. CBA 4. CAB 5. BCA

七

1. × 2. √ 3. × 4. √ 5. √ 6. × 7. × 8. √

第十二课　手机媒体的魅力

一

1. 途径 2. 点击 3. 主题 4. 动态 5. 战略 6. 视频 7. 预示 8. 累计

二

强烈——反对
积极——响应
异常——现象
打破——纪录
编辑——节目
具备——条件
依赖——父母
欣赏——短信

五

1. 王海以全班28票的票数被大家选为班长。
2. 这项工程结束于去年10月份。／这项工程在去年10月份结束。
3. 王凡想去非洲工作，没想到他的父母强烈反对。
4. 我分别在韩国和中国工作过一段时间。
5. 南京的地铁四号线将于下半年动工，该地铁工程共设车站17个。
6. 今天这场球赛对于中国队而言，意义重大，关系到能否小组出线。
7. 珍妮是个很用功的女生，她考试前往往复习到深夜。
8. 现在发布上海市天气预报：本市明天阴有雨，最高气温28度。

六

1. CBA 2. CAB 3. CBA 4. CBA 5. BCA

七

1. × 2. √ 3. × 4. × 5. √ 6. × 7. × 8. ×

第十三课 "凉茶"的新定位

一

1.份额 2.定位 3.对手 4.概念 5.活跃 6.配合 7.局限 8.常识

二

巩固 —— 知识
争论 —— 尖锐
确立 —— 理念
询问 —— 病情
地域 —— 文化
差别 —— 明显
中药 —— 成分
批评 —— 问题

五

1. 目前，智能电视的种类有限，<u>这使得它的消费群范围很窄</u>。
2. <u>汉语角成立以来</u>，为留学生创造了练习汉语、结交朋友的好机会。
3. 你不能小看我，修车这种活儿，<u>我们女的未必做不了</u>。
4. 朋友们都夸我的包漂亮、时尚，<u>实际上它不是名牌</u>，非常便宜。
5. <u>正如教育专家所说</u>："父母的习惯在很大程度上会影响孩子的一生。"
6. 这次数学考试丽丽错了不少，<u>可见</u>，她还有一些问题没有完全理解。
7. 如果在<u>"降内火"上做文章</u>，可以使产品获得准确的定位。
8. 这种苹果也很甜，<u>只是小一些罢了</u>。

六

1. CAB 2. CAB 3. BAC 4. BAC 5. ACB

七

1. × 2. × 3. × 4. √ 5. × 6. √ 7. × 8. √

第十四课 社交网好在哪里

一

1.刮目相看 2.未雨绸缪 3.取长补短 4.原则 5.注册 6.交际 7.人气 8.盈利

二

紧跟 —— 潮流
推广 —— 产品
发掘 —— 人才
表明 —— 态度
挑战 —— 对手
更新 —— 版本
共享 —— 资源
热门 —— 话题

五

1. 今天没办完手续,<u>明天我不得不再去一趟</u>。/ 今天没办完手续,<u>我明天不得不再去一趟</u>。
2. 学校准备扩建留学生宿舍,<u>以创造条件增加招生人数</u>。
3. 我们班同学学习都很认真,<u>上课的出勤率一般都是100%</u>。
4. 和女朋友在一起,<u>他时刻也不愿意离开</u>。
5. <u>儿童的心理特点之一</u>是他们对亲人有强烈的依恋感。
6. 昨天我们去了<u>一家日本特色的饭馆儿</u>。
7. 在比赛开始前,<u>球星们为灾区捐款的总金额达50万之多</u>。
8. <u>今年这种发型很流行</u>。

六

1. ACB 2. CBA 3. CBA 4. BCA 5. BAC

七

1. × 2. √ 3. × 4. × 5. × 6. √ 7. × 8. √

第十五课　道歉的学问

一

1. 参考 2. 罪 3. 法庭 4. 轻描淡写 5. 扬长而去 6. 千方百计 7. 受害方 8. 因素

二

强调 —— 理由
化解 —— 怨恨
补偿 —— 损失
道德 —— 败坏
缺乏 —— 诚意
等待 —— 时机
交换 —— 意见
吸取 —— 教训

五

1. 球赛快开始了，虽然天气炎热，<u>但丝毫不影响球迷们观看比赛的热情</u>。
2. <u>这次招聘会的主办方是</u>《人才市场报》报社及几所高校。
3. 与其让爸爸妈妈担心，<u>不如先不告诉他们</u>，以后再给他们惊喜。
4. <u>那人左一个好处，右一个好处，</u>不停地向我推销保险。
5. 妈妈问来问去，就是想知道我的中国女朋友是什么样的人。
6. 你看这条裙子<u>值不值 1000 块钱</u>？
7. 珍妮擅长舞蹈和绘画，<u>但是数学、物理之类的课</u>，她都学不好。
8. <u>他为自己开脱说</u>："警察先生，我闯了红灯是因为别人都闯红灯啊！"

六

1. BAC　2. CBA　3. BAC　4. CAB/ACB　5. BAC

七

1. ×　2. ×　3. ×　4. √　5. ×　6. ×　7. √　8. ×

词语总表

序号	词语	拼音	词性	新HSK级别	课号
		A			
1	挨	ái	动	5	11
2	癌症	áizhèng	名	6	5副
3	安定	āndìng	形		5
4	安慰	ānwèi	动	5	11
5	岸	àn	名	5	4副
6	熬	áo	动	6	8
7	奥秘	àomì	名	6	8
		B			
8	疤痕	bāhén	名		8副
9	把握	bǎwò	名	5	3
10	白白	báibái	副		2
11	百搭	bǎi dā			12副
12	百合	bǎihé	名		5
13	败坏	bàihuài	形/动	6	15
14	版本	bǎnběn	名	6	14
15	绊	bàn	动		3
16	傍晚	bàngwǎn	名	5	15副
17	宝贵	bǎoguì	形	5	13副
18	报价	bào jià			1副
19	爆	bào	动		6
20	悲观	bēiguān	形	5	5副
21	背景	bèijǐng	名	5	10
22	本	běn	代		1
23	本事	běnshi	名	6	11副
24	彼	bǐ	代		4副
25	笔	bǐ	量		1副
26	笔记本	bǐjìběn		4	12副
27	必然	bìrán	形	5	15副
28	必要	bìyào	形	5	2副
29	避免	bìmiǎn	动	5	2
30	编辑	biānjí	动/名	5	12
31	变迁	biànqiān	动	6	4副
32	便	biàn	副	5	3副
33	便于	biànyú	动	6	9
34	标价	biāojià	名		10副
35	标志	biāozhì	名	5	4
36	表明	biǎomíng	动	5	14
37	表现	biǎoxiàn	动	5	7
38	表彰	biǎozhāng	动	6	9副
39	冰棍儿	bīnggùnr	名		13副
40	病虫害	bìngchónghài	名		7副
41	病菌	bìngjūn	名		7
42	波动	bōdòng	动		10
43	播放	bōfàng	动	6	4
44	播种	bō zhǒng			7副
45	薄	bó	形	5	1副
46	补充	bǔchōng	动	5	5副
47	补贴	bǔtiē	名	6	10副
48	不必	búbì	副	5	13
49	不当	búdàng	形		3
50	不假思索	bùjiǎ-sīsuǒ			13副
51	不见得	bújiàndé	副	5	15副
52	不要紧	bú yàojǐn		5	15
53	不约而同	bùyuē'értóng			5
54	布局	bùjú	名/动	6	4
55	部	bù	名		1
		C			
56	财富	cáifù	名	6	13副
57	采访	cǎifǎng	动	5	6
58	采取	cǎiqǔ	动	5	15副

59	采用	cǎiyòng	动		4		94	承担	chéngdān	动	5	15副
60	彩信	cǎixìn	名		12		95	承认	chéngrèn	动	5	1
61	参考	cānkǎo	动	5	15		96	吃亏	chī kuī		5	1副
62	参与	cānyù	动	5	10		97	持续	chíxù		5	6
63	惭愧	cánkuì	形	5	15		98	尺寸	chǐcùn	名		3
64	仓库	cāngkù	名	6	11副		99	齿	chǐ	名		13副
65	操作系统	cāozuò xìtǒng			14		100	充电器	chōngdiànqì	名	5	12副
66	草原	cǎoyuán	名	5	3副		101	充分	chōngfèn	形	5	9副
67	层次	céngcì	名	6	1副		102	充值	chōng zhí			10副
68	曾经	céngjīng	副	5	3副		103	充足	chōngzú	形	6	5副
69	叉子	chāzi	名	5	2		104	冲	chōng	动	5	5
70	茬	chá	量		7副		105	抽象	chōuxiàng	形	5	8
71	差别	chābié	名	5	13		106	出色	chūsè	形	5	11副
72	产量	chǎnliàng	名		7副		107	处理	chǔlǐ	动		9
73	产品	chǎnpǐn	名	5	1		108	传播	chuánbō	动	5	7
74	长度	chángdù	名		3		109	传递	chuándì	动	5	6
75	尝试	chángshì	动	6	14		110	创始人	chuàngshǐrén	名		13副
76	常识	chángshí	名	5	13		111	创业	chuàng yè		6	13副
77	场所	chángsuǒ	名	6	15副		112	创造	chuàngzào	动	5	2
78	超值	chāo zhí			1副		113	辞职	cí zhí		5	11
79	朝	cháo	介	5	10副		114	次日	cìrì	名		12
80	潮流	cháoliú	名	6	14		115	刺激	cìjī	动	5	8副
81	吵架	chǎo jià		5	11		116	从事	cóngshì		5	7
82	炒	chǎo	动	5	2副		117	促进	cùjìn	动	5	4副
83	车库	chēkù	名	5	14副		118	促销	cùxiāo	动		10副
84	沉默	chénmò	形/动	5	1		119	催	cuī	动	5	7副
85	称	chēng	动	6	4		120	存在	cúnzài	动/名	5	1
86	称赞	chēngzàn	动	5	5		121	措施	cuòshī	名	5	7副
87	成长	chéngzhǎng	动	5	3		122	错误	cuòwù	名	5	15
88	成分	chéngfèn	名	5	13				D			
89	成果	chéngguǒ	名	5	7		123	答应	dāying	动	5	11
90	成就	chéngjiù	名	5	7		124	达	dá	动		4
91	成立	chénglì	动	5	8副		125	打卡	dǎ kǎ			11
92	诚意	chéngyì	名		15		126	打听	dǎting	动	5	10副
93	承包	chéngbāo	动	6	7		127	打造	dǎzào	动		13副

128	打招呼	dǎ zhāohu		5	
129	大葱	dàcōng	名	7	副
130	大方	dàfang	形	5	
131	大势所趋	dàshì-suǒqū		9	
132	呆	dāi	形	5	1
133	带动	dàidòng	动	6	7
134	贷款	dàikuǎn	名	5	10 副
135	待遇	dàiyù	名	5	10
136	担任	dānrèn	动	5	9 副
137	单位	dānwèi	名	5	15 副
138	单向	dānxiàng	形		14
139	单元	dānyuán	名	5	4
140	诞生	dànshēng	动	6	4 副
141	当	dāng	动		1
142	当场	dāngchǎng	副	6	11
143	当铺	dàngpù	名		10 副
144	当事人	dāngshìrén	名	6	15
145	当选	dāngxuǎn	动	6	14 副
146	挡	dǎng	动	5	7
147	导致	dǎozhì	动	5	3
148	倒	dào	副	5	11
149	到达	dàodá	动	5	4 副
150	道德	dàodé	名	5	15
151	灯泡	dēngpào	名		2 副
152	等待	děngdài	动	5	6
153	低吸高抛	dī xī gāo pāo			10
154	抵抗	dǐkàng	动	6	5 副
155	地区	dìqū	名	5	13
156	地域	dìyù	名		9 副
157	地震	dìzhèn	名/动	5	12
158	颠	diān	动		8
159	点击	diǎnjī	动		12
160	电池	diànchí	名	5	10 副
161	吊	diào	动	6	4 副
162	吊桥	diàoqiáo			4 副
163	跌价	diē jià			10 副
164	订单	dìngdān	名		1
165	定速巡航	dìngsù xúnháng			9
166	定位	dìng wèi			13
167	定制服务	dìngzhì fúwù			9
168	动画	dònghuà	名	5	14 副
169	动态	dòngtài	名	6	12
170	冻	dòng	动	5	7
171	独立	dúlì	形	5	12
172	短信	duǎnxìn	名	5	12
173	堆	duī	量	5	8
174	队伍	duìwu	名	6	2
175	对付	duìfu	动	6	6
176	对接	duìjiē	动		14
177	对手	duìshǒu	名	5	13
178	对象	duìxiàng	名	5	6
179	兑换	duìhuàn	动	6	10 副
180	多亏	duōkuī	副	5	10 副
181	多余	duōyú	形	5	12 副

E

182	额头	étóu	名		3 副
183	恶化	èhuà	动		2 副
184	恶劣	èliè	形	5	9 副
185	二氧化碳	èryǎnghuàtàn	名	6	2

F

186	发表	fābiǎo	动	5	6
187	发财	fā cái		6	8 副
188	发愁	fā chóu		5	8
189	发动机	fādòngjī	名		9
190	发掘	fājué	动		14
191	发芽	fā yá			7 副
192	发炎	fāyán	动	6	3 副
193	罚	fá	动		11 副
194	法人	fǎrén	名	6	15 副
195	法庭	fǎtíng	名		15

196	番	fān	量	6	7副
197	翻山越岭	fānshān-yuèlǐng			9副
198	凡士林	fánshìlín	名		8
199	凡是	fánshì	副	5	6
200	繁荣	fánróng	形	5	
201	反复	fǎnfù	副	5	4
202	犯	fàn	动		15
203	方案	fāng'àn	名	5	9副
204	方位	fāngwèi	名	6	14
205	防守	fángshǒu	动	6	4副
206	防止	fángzhǐ	动	6	3
207	防治	fángzhì	动	6	7副
208	房屋	fángwū	名		4
209	访谈	fǎngtán	动		13副
210	放松	fàngsōng	动	5	11
211	飞速	fēisù	副		14
212	肥料	féiliào	名		7
213	废	fèi	形		2
214	废物	fèiwù	名		2
215	分别	fēnbié	副	5	1副
216	分明	fēnmíng	形	6	11副
217	分析	fēnxī	动	5	10
218	纷纷	fēnfēn	副/形	5	7
219	粉丝	fěnsī	名		12副
220	份额	fèn'é	名		13
221	愤怒	fènnù	形	5	11
222	风光	fēngguāng	名	6	9副
223	风土人情	fēngtǔ-rénqíng		6	6
224	风险	fēngxiǎn	名	5	5副
225	风云人物	fēngyún rénwù			14副
226	疯狂	fēngkuáng	形	5	10
227	服用	fúyòng	动		5副
228	抚摸	fǔmō	动		3副
229	腐烂	fǔlàn	动	6	8
230	富翁	fùwēng	名		13副

G

231	该	gāi	代		12
232	改革	gǎigé	动	5	4副
233	改善	gǎishàn	动	5	2副
234	改造	gǎizào	动		8
235	概念	gàiniàn	名	5	13
236	干活儿	gàn huór		5	11
237	干劲	gànjìn	名	6	11副
238	赶快	gǎnkuài	副	5	2副
239	感染	gǎnrǎn	动	6	8副
240	感想	gǎnxiǎng	名	5	7
241	高超	gāochāo	形	6	3副
242	高分子	gāofēnzǐ	名		8
243	高管	gāoguǎn	名		6
244	高速公路	gāosù gōnglù		5	4副
245	告	gào	动		15
246	告别	gàobié	动	5	6
247	割	gē	动	6	8
248	隔离	gélí	动	6	8副
249	个别	gèbié	形	5	11副
250	个性	gèxìng	名	5	6副
251	各自	gèzì	副	5	6副
252	跟	gēn	动		14
253	更新	gēngxīn	动	6	14
254	工程	gōngchéng	名		9副
255	公布	gōngbù	动	5	12副
256	公开	gōngkāi	形/动	5	1
257	公平	gōngpíng	形	5	11副
258	公寓	gōngyù	名	5	2
259	公众	gōngzhòng	名		12
260	功绩	gōngjì	名		9副
261	供应商	gōngyìngshāng	名		1副
262	巩固	gǒnggù	动/形	6	13
263	共享	gòngxiǎng	动		14
264	沟通	gōutōng	动	5	11

265	古代	gǔdài	名	5	4副		299	和平	hépíng	名	5	6
266	股票	gǔpiào	名	5	10		300	轰动	hōngdòng	动	6	14副
267	股市	gǔshì	名	5	10		301	喉咙	hóulong	名	6	3副
268	骨骼	gǔgé	名		5副		302	后果	hòuguǒ	名	5	3
269	骨头	gǔtou	名		5	3副		303	厚度	hòudù	名		6副
270	刮目相看	guāmù-xiāngkàn			14		304	忽视	hūshì	动	5	6
271	关注	guānzhù	动		5副		305	壶	hú	量/名	5	5
272	观察	guānchá	动	5	5副		306	护城河	hùchénghé			4副
273	冠军	guànjūn	名	5	14副		307	花瓣	huābàn	名	6	5
274	罐	guàn	量	6	13		308	滑冰	huá bīng		5	15副
275	广场	guǎngchǎng	名	5	1副		309	化敌为友	huàdí-wéiyǒu			15
276	广大	guǎngdà	形	5	1副		310	化解	huàjiě	动		15
277	广泛	guǎngfàn	形	5	9		311	化学反应	huàxué fǎnyìng			8
278	规模	guīmó	名	5	1副		312	化验	huàyàn	动	6	8
279	规章	guīzhāng	名	6	11副		313	怀念	huáiniàn	动	5	4
280	柜台	guìtái	名	5	1		314	环	huán	名		3
281	柜子	guìzi	名		2		315	患者	huànzhě	名	6	5副
282	桂花	guìhuā	名		5		316	慌张	huāngzhāng	形	5	1
283	锅	guō	名	5	2副		317	灰心	huī xīn		5	7
284	国防	guófáng	名	6	4副		318	恢复	huīfù	动	5	3副
285	国务院	guówùyuàn			6副		319	回收	huíshōu	动		2副
286	果实	guǒshí	名	5	7		320	汇率	huìlǜ	名	5	10副
287	过失	guòshī	名	6	15		321	会员店	huìyuándiàn			1副
		H					322	绘图	huìtú	动		9副
288	海豹	hǎibào	名		6		323	活儿	huór	名		7
289	海归	hǎiguī	名		11副		324	活跃	huóyuè	形	5	13
290	害虫	hàichóng	名		7		325	火锅	huǒguō	名		13
291	喊	hǎn	动	5	3		326	货币	huòbì	名	6	10副
292	行	háng	量		7副		327	获取	huòqǔ	动		12
293	行列	hángliè	名	6	6				**J**			
294	毫升	háoshēng	量		5副		328	饥渴	jīkě	形		12
295	毫无	háo wú		6	9		329	机器	jīqì	名	5	9副
296	合理化	hélǐhuà	动		2		330	肌肉	jīròu	名	5	3
297	合情合理	héqíng-hélǐ			11副		331	鸡粪	jīfèn	名		7
298	和解	héjiě	动	6	15		332	积蓄	jīxù	名		10

333	基金	jījīn	名	6	10		368	胶水	jiāoshuǐ	名	5	8
334	及	jí	连		3		369	教条	jiàotiáo	名		14副
335	即将	jíjiāng	副	6	14副		370	教训	jiàoxùn	名/动	5	15
336	集团	jítuán	名	6	13副		371	接触	jiēchù	动	5	7
337	集中	jízhōng	动/形	5	6		372	接二连三	jiē'èr-liánsān		6	
338	纪录	jìlù	名	5	12		373	接口	jiēkǒu	名		12副
339	纪录片	jìlùpiàn	名		6		374	接着	jiēzhe	连/动	5	1
340	加害方	jiāhài fāng			15		375	节能	jiénéng	动		2副
341	佳	jiā	形		14副		376	节能灯	jiénéngdēng	名		2副
342	家长	jiāzhǎng	名		15副		377	节省	jiéshěng	动	5	2副
343	家乡	jiāxiāng	名	5	6		378	节奏	jiézòu	名	6	6副
344	家喻户晓	jiāyù-hùxiǎo		6	6		379	截肢	jié zhī			3
345	嘉宾	jiābīn	名	5	13副		380	解毒	jiě dú			13
346	驾驶	jiàshǐ	动	5	9		381	解说员	jiěshuōyuán	名	5	1
347	假如	jiǎrú	连	5	9副		382	戒指	jièzhi	名	5	3
348	尖锐	jiānruì	形	5	13		383	借口	Jièkǒu	名	5	15副
349	坚决	jiānjué	形	5	1		384	金融	jīnróng	名	6	10
350	间隔	jiàngé	动/名	6	7副		385	谨慎	jǐnshèn	形	5	3
351	捡	jiǎn	动	5	6		386	尽	jìn	动		15副
352	检测	jiǎncè	动	5	9		387	尽量	jǐnliàng	副	5	2
353	剪	jiǎn	动		2		388	进贡	jìn gòng			8
354	减缓	jiǎnhuǎn	动		2副		389	进价	jìnjià	名		1副
355	简称	jiǎnchēng	动/名		14		390	近代	jìndài	名	5	4
356	简化	jiǎnhuà	动	6	14		391	浸泡	jìnpào	动	6	3
357	简约	jiǎnyuē	形		14副		392	经营	jīngyíng	动	5	1
358	建设	jiànshè	动	5	4副		393	惊喜	jīngxǐ	形		1副
359	建造	jiànzào	动		4副		394	惊讶	jīngyà	形	6	2
360	健身	jiànshēn	动		5		395	惊蛰	jīngzhé	名		7副
361	健壮	jiànzhuàng	形		5副		396	鲸	jīng	名		6
362	渐渐	jiànjiàn	副		3		397	酒吧	jiǔbā	名	5	4
363	键盘	jiànpán	名	6	4		398	居民	jūmín	名		15副
364	将	jiāng	介		5		399	居然	jūrán	副	5	3副
365	交换	jiāohuàn	动	5	15		400	居住	jūzhù	动	6	4
366	交际	jiāojì	动	5	14		401	局限	júxiàn	名	6	13
367	浇	jiāo	动	5	7副		402	桔子	júzi	名	5	7

#	词	拼音	词性		
403	菊花	júhuā	名		5
404	菊花茶	júhuāchá	名		13
405	巨大	jùdà	形	5	1副
406	具备	jùbèi	动	5	12
407	聚会	jùhuì	名	5	11
408	决策	juécè	名	6	10
409	均匀	jūnyún	形	5	7副
		K			
410	卡路里	kǎlùlǐ	名		5副
411	开创	kāichuàng	动		14副
412	开放	kāifàng	动	5	4副
413	开朗	kāilǎng	形		11
414	开幕式	kāimùshì	名	5	12
415	开脱	kāituō	动		15
416	开胃	kāiwèi	动	5	5
417	开心	kāixīn	形	5	5
418	开凿	kāizáo	动		9副
419	开展	kāizhǎn	动	6	6
420	刊登	kāndēng	动	6	8副
421	勘测	kāncè	动		9副
422	看不起	kànbuqǐ		5	11副
423	康乃馨	kāngnǎixīn	名		5
424	抗生素	kàngshēngsù	名		3副
425	抗体	kàngtǐ	名		3副
426	抗震救灾	kàng zhèn jiù zāi			12
427	可观	kěguān	形	6	7
428	可见	kějiàn	连	5	13
429	可靠	kěkào	形	5	9
430	渴望	kěwàng	动	6	14
431	克服	kèfú	动	5	9副
432	客厅	kètīng	名	5	3
433	课程	kèchéng	名	5	14副
434	空运	kōngyùn	动		3副
435	口腔	kǒuqiāng	名	5	3
436	扣	kòu	动		11
437	跨海大桥	kuàhǎi dàqiáo			4副
438	款	kuǎn	量		9
439	矿泉水	kuàngquánshuǐ	名	5	13副
440	矿物质	kuàngwùzhì	名		5
441	亏本	kuī běn			1副
442	昆虫	kūnchóng	名	6	7
		L			
443	来源	láiyuán	名/动	6	4
444	篮子	lánzi	名		6副
445	老百姓	lǎobǎixìng	名	5	4
446	老板	lǎobǎn	名	5	1
447	乐观	lèguān	形	5	5副
448	累计	lěijì	动		12
449	类似	lèisì	动	6	14
450	厘米	límǐ	量	5	3
451	梨膏糖	lígāotáng	名		8
452	礼券	lǐquàn	名		10副
453	里程	lǐchéng	名		9
454	里弄	lǐlòng	名		4
455	理念	lǐniàn	名		13
456	立法	lì fǎ			6
457	立秋	lìqiū	名		7副
458	立体	lìtǐ	形	6	14副
458	利润	lìrùn	名	5	1副
460	联合	liánhé	动/形	5	12
461	联排别墅	liánpái biéshù			4
462	廉价	liánjià	形		8
463	良好	liánghǎo	形	5	2副
464	良性循环	liángxìng xúnhuán			7
465	凉茶	liángchá	名		13
466	亮点	liàngdiǎn	名		7副
467	晾	liàng	动	6	8
468	辽阔	liáokuò	形	6	9副
469	了不起	liǎobuqǐ	形	5	8
470	了如指掌	liǎorúzhǐzhǎng			13副

#	词	拼音	词性			#	词	拼音	词性		
471	列	liè	量		4 副	505	苗	miáo	名		7 副
472	淋	lín	动	6	8	506	秒	miǎo	量	5	1
473	灵活	línghuó	形	5	1	507	民居	mínjū	名		4
474	灵巧	língqiǎo	形		2	508	民事	mínshì	动		15 副
475	零件	língjiàn	名	5	3	509	名单	míngdān	名		12 副
476	零售商	língshòushāng	名		6	510	名副其实	míngfùqíshí		6	12 副
477	领导	lǐngdǎo	名/动	5	11	511	名片	míngpiàn	名	5	4
478	领养	lǐngyǎng	动		14 副	512	名胜古迹	míngshèng-gǔjì		5	2
479	领域	lǐngyù	名	5	9 副	513	明显	míngxiǎn	形	5	4
480	浏览	liúlǎn	动	5	2	514	命令	mìnglìng	名/动	5	8
481	流浪	liúlàng	动	6	3 副	515	命名	mìng míng		6	8
482	流通	liútōng	动	6	10 副	516	模仿	mófǎng	动	5	3
483	龙	lóng	名	5	1 副	517	模拟	mónǐ	动		9
484	龙井茶	lóngjǐngchá			5	518	膜	mó	名	6	7 副
485	漏	lòu	动	5	13 副	519	摩托车	mótuōchē	名	5	15
486	陆续	lùxù	副	5	1	520	魔鬼	móguǐ	名	6	3
487	旅程	lǚchéng	名		14 副	521	茉莉花	mòlìhuā	名		5
488	轮流	lúnliú	动	5	1	522	某	mǒu	代	5	11
489	罗盘	luópán	名		9	523	牡丹花	mǔdānhuā	名		5
490	螺纹	luówén	名		13 副	524	亩	mǔ	量		7
491	落后	luòhòu	形	5	4 副	525	木梁桥	mùliángqiáo			4 副
		M						N			
492	麦克风	màikèfēng	名	5	2 副	526	哪怕	nǎpà	连	5	11
493	满足	mǎnzú	动	5	7	527	难怪	nánguài	副	5	4
494	盲目	mángmù	形	6	10	528	脑筋	nǎojīn	名		7 副
495	毛利	máolì	名		1 副	529	内地	nèidì	名		13
496	玫瑰	méigui	名		5	530	内在	nèizài	形	6	10
497	梅花	méihuā	名		5	531	能量	néngliàng	名		2 副
498	美术	měishù	名	5	2	532	拟定	nǐdìng	动	6	9 副
499	魅力	mèilì	名	5	5	533	年代	niándài	名	5	4
500	门	mén	量		15	534	念头	niàntou	名		10
501	门框	ménkuàng	名		4	535	尿布	niàobù	名		8 副
502	门牙	ményá	名		3	536	拧	nǐng	动	6	13 副
503	秘密	mìmì	形/名	5	8 副	537	牛皮癣	niúpíxuǎn	名		8 副
504	面	miàn	量		2	538	农家乐	nóngjiālè	名		7

539	农药	nóngyào	名		7副
540	农业	nóngyè	名	5	7
541	农作物	nóngzuòwù	名		7
542	女士	nǚshì	名	5	6副

O

543	偶然	ǒurán	形/副	5	15副

P

544	拍摄	pāishè	动		6
545	排	pái	量		2
546	排除	páichú	动	6	5
547	排放	páifàng	动	6	2
548	培养	péiyǎng	动	5	14副
549	培育	péiyù	动	6	7
550	赔	péi	动		10
551	赔偿	péicháng	动	5	15副
552	佩服	pèifu	动	5	2
553	配备	pèibèi	动	6	9
554	配合	pèihé	动	5	13
555	砰	pēng	象声词		1
556	疲劳	píláo	形	5	5
557	屁股	pìgu	名	6	8副
558	品	pǐn	动		13
559	品牌	pǐnpái	名		10副
560	平等	píngděng	形	5	11副
561	平衡	pínghéng	形	5	15副
562	评价	píngjià	动/名		15副
563	凭	píng	介	5	10
564	坡型	pōxíng	名		4
565	迫不及待	pòbùjídài		6	4
566	破产	pò chǎn		5	10

Q

567	期望	qīwàng	动	6	1副
568	期限	qīxiàn	名	6	10副
569	欺负	qīfu	动	6	15
570	漆	qī	名	6	4
571	气氛	qìfēn	名	5	11
572	企业	qǐyè	名	5	10副
573	汽油	qìyóu	名	5	2
574	启发	qǐfā	动	5	3
575	起诉	qǐsù	动		15副
576	卡	qiǎ	动		3副
577	千方百计	qiānfāng-bǎijì		6	15
578	谦虚	qiānxū	形	5	11副
579	签字	qiān zì		5	1
580	前后	qiánhòu	名		7副
581	前途	qiántú	名	5	7
582	钳子	qiánzi	名		3
583	强大	qiángdà	形		1副
584	强烈	qiángliè	形	5	12
585	强势	qiángshì	形		14
586	敲击	qiāojī	动		4
587	巧妙	qiǎomiào	形	5	1
588	亲身	qīnshēn	形	6	10
589	勤奋	qínfèn	形	5	11副
590	青	qīng	形	5	4
591	青春	qīngchūn	名	5	5
592	轻描淡写	qīngmiáo-dànxiě		15	
593	轻视	qīngshì	动	5	11
594	清凉茶	qīngliángchá	名		13
595	清热	qīng rè			13
596	情绪	qíngxù	名	5	5
597	庆祝	qìngzhù	动	5	5
598	区域	qūyù	名	6	9
599	取长补短	qǔcháng-bǔduǎn		14	
600	取消	qǔxiāo	动	5	11
601	权利	quánlì	名	5	1副
602	全面	quánmiàn	形	5	6
603	全体	quántǐ	名		14
604	缺乏	quēfá	动	5	9副
605	确立	quèlì	动	6	13

606	群组	qúnzǔ	名		14		639	上任	shàngrèn	动	6	6

R

607	燃气	ránqì	名		2副
608	燃油	rányóu	名		9
609	让步	ràng bù	动	6	15
610	绕	rào	动	5	3
611	热烈	rèliè	形	5	11
612	热门	rèmén	名	6	14
613	人格	réngé	名	6	11副
614	人工	réngōng	名	6	5副
615	人气	rénqì	名		14
616	人事	rénshì	名	5	11
617	人物	rénwù	名	5	2
618	人性化	rénxìnghuà	动		9
619	人员	rényuán	名	5	9副
620	忍不住	rěnbuzhù		5	6
621	任命	rènmìng	动	6	9副
622	日常	rìcháng	形	5	2副
623	容量	róngliàng	名	5	9
624	溶	róng	动		8
625	如此	rúcǐ	副		14
626	如何	rúhé	代	5	6
627	如今	rújīn	名	5	5副

S

628	嗓子	sǎngzi	名	5	3
629	杀	shā	动	5	8副
630	沙滩	shātān	名	5	6
631	傻	shǎ	形	5	1
632	山寨	shānzhài	名		10副
633	扇子	shànzi	名	5	2
634	善于	shànyú	动	5	8
635	伤害	shānghài	动		5副
636	商标	shāngbiāo	名	6	13副
637	商人	shāngrén	名		8副
638	上火	shàng huǒ			13

639	上任	shàngrèn	动	6	6
640	上诉	shàngsù	动		15
641	上旬	shàngxún	名		7副
642	烧烤	shāokǎo		5	13
643	勺子	sháozi	名	5	6
644	蛇	shé	名	5	8副
645	舍不得	shěbude	动	5	6副
646	设备	shèbèi	名	5	9
647	设立	shèlì	动	6	9副
648	摄影师	shèyǐngshī	名		6
649	伸	shēn	动	5	3
650	伸展	shēnzhǎn	动		5
651	身材	shēncái	名	5	9
652	身价	shēnjià	名		13副
653	深刻	shēnkè	形	5	1副
654	神话	shénhuà	名	5	13副
655	神秘	shénmì	形	5	8
656	升	shēng	动	5	11
657	生产	shēngchǎn	动	5	1
658	生存	shēngcún	动	6	6
659	生态	shēngtài	名		2副
660	绳子	shéngzi	名	5	3
661	盛会	shènghuì	名		12
662	失业	shī yè		5	8
663	失职	shī zhí			15副
664	施肥	shī féi			7副
665	湿疹	shīzhěn	名		8副
666	石拱桥	shígǒngqiáo			4副
667	石库门	shíkùmén	名		4
668	时机	shíjī	名	6	15
669	时刻	shíkè	名/副	5	14
670	时髦	shímáo	形	5	4
671	时期	shíqī	名	5	4副
672	时尚	shíshàng	形	5	6副
673	实力	shílì	名	6	1副

674	实时	shíshí	副		14
675	实习	shíxí	动	5	1
676	拾	shí	动	6	8
677	食道	shídào	名		3
678	食物链	shíwùliàn	名		7
679	使劲儿	shǐ jìnr		5	3
680	始终	shǐzhōng	副	5	14副
681	事故	shìgù	名	6	15
682	事务	shìwù	名	6	13副
683	事物	shìwù	名	5	8
684	事先	shìxiān	副	5	6副
685	事业	shìyè	名	6	4副
686	试验	shìyàn	动	6	8
687	视觉	shìjué	名		9
688	视频	shìpín	名		12
689	适当	shìdàng	形		7副
690	适用	shìyòng	动	5	12副
691	收购	shōugòu	动		14
692	收获	shōuhuò	动/名	5	7
693	收集	shōují	形		2副
694	收养	shōuyǎng	动		3副
695	收益	shōuyì	名	6	10
696	手工	shǒugōng	名	5	2
697	手续	shǒuxù	名	5	10副
698	首位	shǒuwèi	名		14
699	首席执行官	shǒuxí zhíxíngguān			14副
700	首相	shǒuxiàng	名		6
701	寿命	shòumìng	名	5	4副
702	受害方	shòuhài fāng			15
703	受伤	shòu shāng		5	3
704	售价	shòujià	名		1副
705	兽医	shòuyī	名		3副
706	梳子	shūzi	名	5	6
707	蔬菜	shūcài	名	5	2副
708	赎	shú	动		10副
709	束缚	shùfù	动	6	14副
710	竖井	shùjǐng	名		9副
711	数据	shùjù	名	5	4
712	数码	shùmǎ	名	5	12副
713	数码相机	shùmǎ xiàngjī	名		12副
714	数字化	shùzìhuà	动		9
715	双赢	shuāngyíng	动		10副
716	霜降	shuāngjiàng	名		7副
717	说服	shuōfú	动	5	6
718	丝毫	sīháo	形	5	15
719	私营	sīyíng	名		10副
720	死亡	sǐwáng	名	6	5副
721	四合院	sìhéyuàn	名		4
722	似的	shìde	助	5	3副
723	素食	sùshí	名		2副
724	算账	suàn zhàng			1副
725	随时	suíshí	副	5	9
726	随心所欲	suíxīnsuǒyù		5	15副
727	碎片	suìpiàn	名		6
728	隧道	suìdào	名	6	9副
729	损失	sǔnshī	名/动	5	11
730	笋	sǔn	名		7
731	缩短	suōduǎn	动	5	9副
732	锁	suǒ	名	5	11副
T					
733	踏实	tāshi	形	6	11
734	谈判	tánpàn	动	5	1副
735	坦率	tǎnshuài	形	5	1
736	碳氢化合物	tànqīng-huàhéwù	名		8
737	糖分	tángfèn	名		5副
738	糖果	tángguǒ	名		2
739	糖尿病	tángniàobìng	名		5副
740	逃避	táobì	动	5	11

223

#	词	拼音	词性	级	课
741	桃	táo	名	5	7
742	桃花	táohuā	名		5
743	淘汰	táotài	动	6	9
744	特刊	tèkān	名		12
745	特色	tèsè	名	6	9
746	特征	tèzhēng	名	5	4
747	调整	tiáozhěng	动		11副
748	提纯	tíchún	动		8
749	提示	tíshì	动	6	9
750	体验	tǐyàn	动	5	7
751	替代品	tìdàipǐn	名		6
752	天窗	tiānchuāng	名		4
753	天然	tiānrán	形		5
754	天使	tiānshǐ	名		3
755	田野	tiányě	名	5	13副
756	甜味剂	tiánwèijì	名		5副
757	挑战	tiǎo zhàn		5	14
758	跳槽	tiào cáo			11副
759	铁路	tiělù	名		4副
760	通道	tōngdào	名		2
761	通货膨胀	tōnghuò péngzhàng		6	10副
762	通用	tōngyòng	动	6	12副
763	统计	tǒngjì	名/动	6	4
764	统治	tǒngzhì	动	5	9副
765	偷窃	tōuqiè	动		11副
766	投机	tóujī	动	6	10
767	投诉	tóusù	动		15副
768	投资	tóuzī	名	5	4副
769	透明	tòumíng	形	5	8
770	突出	tūchū	形/动	5	6副
771	突发	tūfā	动		10
772	途径	tújìng	名	6	12
773	土地	tǔdì	名	5	7副
774	土豆	tǔdòu	名	5	7副
775	团队	tuánduì	名		13副
776	推测	tuīcè	动	6	10
777	推广	tuīguǎng	动	5	14
778	推荐	tuījiàn	动	5	3副
779	推销	tuīxiāo	动	6	1
780	推销员	tuīxiāoyuán	名		1
781	拖	tuō	动		3

W

#	词	拼音	词性	级	课
782	挖	wā	动	6	4副
783	哇	wa	叹	6	1
784	外界	wàijiè	名	6	7
785	外资	wàizī	名		11
786	完善	wánshàn	动/形	5	11
787	旺盛	wàngshèng	形		7副
788	危害	wēihài	动	5	3
789	危机	wēijī	名	6	10
790	微	wēi	副/形		5
791	微量元素	wēiliàng yuánsù			5
792	微型	wēixíng	形		12副
793	唯一	wéiyī	形	5	11副
794	维持	wéichí	动	6	10
795	维生素	wéishēngsù	名	6	5
796	维修	wéixiū	动	6	9
797	尾	wěi	名		1副
798	卫生间	wèishēngjiān	名	5	3
799	未必	wèibì	副	5	13
800	未成年人	wèichéng niánrén	名		15副
801	未来	wèilái	名	5	9
802	未雨绸缪	wèiyǔ-chóumóu			14
803	温和	wēnhé	形	6	5
804	温柔	wēnróu	形		3副
805	温室气体	wēnshì qìtǐ			12副
806	文明	wénmíng	形/名	5	15
807	稳定	wěndìng	形	5	10
808	问世	wènshì	动	6	14副

809	卧室	wòshì	名	5	3
810	乌龟	wūguī	名		6
811	乌龙茶	wūlóngchá	名		5
812	屋顶	wūdǐng	名		4
813	屋子	wūzi	名	5	3
814	无比	wúbǐ	动	6	5
815	无理	wúlǐ	动		15副
816	无奈	wúnài	形	5	10副
817	无数	wúshù	形	5	8副
818	五颜六色	wǔyán-liùsè			2
819	物业	wùyè	名	6	15副

X

820	X光	X guāng			3
821	吸取	xīqǔ	动	6	15
822	吸收	xīshōu	动	5	2副
823	习以为常	xíyǐwéicháng			6副
824	细节	xìjié	名	5	2副
825	细菌	xìjūn	名	6	8副
826	下跌	xiàdiē	动		10
827	显得	xiǎnde	动	5	5
828	显然	xiǎnrán	形	5	6
829	现场	xiànchǎng	名	6	1
830	现象	xiànxiàng	名	5	12
831	限塑令	xiànsùlìng			6副
832	相似	xiāngsì	形	5	9
833	相应	xiāngyìng	动	6	15副
834	享受	xiǎngshòu	动	5	10副
835	响应	xiǎngyìng	动	6	12
836	项	xiàng	量	5	12副
837	项目	xiàngmù	名	5	1
838	象征	xiàngzhēng	名/动	5	4
839	削	xiāo	动		8
840	消除	xiāochú	动	6	5
841	消灭	xiāomiè	动	5	7
842	消炎	xiāo yán			3副
843	销量	xiāoliàng	名		13
844	销售	xiāoshòu	动	5	1
845	小吃	xiǎochī	名	5	8
846	小伙子	xiǎohuǒzi	名	5	1
847	小麦	xiǎomài	名	5	7副
848	欣赏	xīnshǎng	动	5	9副
849	新陈代谢	xīnchén-dàixiè		6	5
850	新颖	xīnyǐng	形	6	14副
851	信天翁	xìntiānwēng	名		6
852	兴旺	xīngwàng	形	6	7
853	兴致勃勃	xìngzhì bóbó		6	8
854	行车电脑	xíngchē diànnǎo			9
855	行动	xíngdòng	动/名	5	2副
856	行驶	xíngshǐ	动		9
857	行为	xíngwéi	名	5	6
858	行政	xíngzhèng	名	6	15副
859	形式	xíngshì	名		1副
860	形势	xíngshì	名	5	12副
861	形状	xíngzhuàng	名	5	3
862	性价比	xìngjiàbǐ	名		8
863	性质	xìngzhì	名	5	5
864	雄伟	xióngwěi	形	5	4副
865	修改	xiūgǎi	动	5	11
866	修建	xiūjiàn	动	6	9副
867	宣布	xuānbù	动	5	6
868	宣传	xuānchuán	动	5	1
869	学问	xuéwen	名	5	15
870	血本无归	xuèběn wú guī			10
871	血液循环	xuèyè xúnhuán			3
872	寻找	xúnzhǎo	动	5	11副
873	询问	xúnwèn	动	5	13
874	迅速	xùnsù	形	5	7副

Y

875	延长	yáncháng	动	5	5
876	严肃	yánsù	形	5	10

#	词	拼音	词性		
877	掩盖	yǎngài	动	6	14 副
878	眼看	yǎnkàn	副	5	3 副
879	扬长而去	yángcháng ér qù			15
880	阳台	yángtái	名	5	5
881	养殖	yǎngzhí	动		7
882	样品	yàngpǐn	名	6	12 副
883	样式	yàngshì	名	5	9
884	咬	yǎo	动	5	3
885	药膏	yàogāo	名		3
886	野生动物	yěshēng dòngwù			3 副
887	业绩	yèjì	名		11 副
888	业界	yèjiè	名		12 副
889	业余	yèyú	形	5	6
890	液晶屏	yèjīngpíng	名		9
891	一旦	yídàn	连	5	10
892	一律	yílǜ	副	6	11 副
893	一目了然	yímù-liǎorán		6	9
894	一下子	yíxiàzi	副		1
895	医疗	yīliáo	名		15 副
896	依赖	yīlài	动	6	12
897	仪表盘	yíbiǎopán	名		9
898	胰岛素	yídǎosù	名		5 副
899	胰腺癌	yíxiàn'ái	名		14 副
900	移动	yídòng	动	5	3
901	疑问	yíwèn	名	5	9
902	以来	yǐlái	名	5	13
903	义务	yìwù	名	5	15 副
904	异常	yìcháng	形	6	12
905	异味	yìwèi	名		2 副
906	意识	yìshí	名/动	6	6 副
907	意外	yìwài	形/名	5	1
908	意味着	yìwèizhe	动	6	14 副
909	因素	yīnsù	名	5	15
910	阴影	yīnyǐng	名		3
911	银色	yínsè	名		9
912	引进	yǐnjìn	动		11 副
913	隐患	yǐnhuàn	名	6	5 副
914	应用	yìngyòng	动	5	9
915	应用程序	yìngyòng chéngxù			14
916	应有尽有	yīngyǒu-jìnyǒu			8 副
917	盈利	yíng lì		6	14
918	营销	yíngxiāo	动		14
919	营养	yíngyǎng	名	5	5
920	拥有	yōngyǒu	动	6	13 副
921	勇于	yǒngyú	动	6	14 副
922	用户	yònghù	名	6	12
923	用途	yòngtú	名	5	8 副
924	优势	yōushì	名	5	9
925	犹豫	yóuyù	形	5	11
926	油耗	yóuhào	名		9
927	有偿	yǒucháng	动		6 副
928	有效	yǒuxiào	形		3 副
929	有益	yòuyì	形		3
930	余	yú	数		12
931	郁金香	yùjīnxiāng	名		5
932	预测	yùcè	动		12 副
933	预防	yùfáng	动	5	5 副
934	预示	yùshì	动		12
935	愈合	yùhé	动		8
936	员工	yuángōng	名		11
937	原创	yuánchuàng	动		11
938	原料	yuánliào	名	5	2 副
939	原先	yuánxiān	名	6	11
940	原则	yuánzé	名	5	14
941	怨恨	yuànhèn	名/动		15
942	约束	yuēshù	动/名	6	11
943	月季	yuèjì	名		5
944	运输	yùnshū	动	5	8

945	运营	yùnyíng	动		12

Z

946	载	zài	动		13 副
947	赞成	zànchéng	动	5	11 副
948	糟糕	zāogāo	形	5	6
949	造成	zàochéng	动	5	3
950	噪音	zàoyīn	名	6	2 副
951	则	zé	连	5	2
952	责备	zébèi	动	5	11
953	责令	zélìng	动		15
954	摘	zhāi	动	5	3
955	债券	zhàiquàn	名	6	10
956	粘贴	zhāntiē	动	5	2
957	展览	zhǎnlǎn	动	5	1
958	展示	zhǎnshì	动	6	6 副
959	展销会	zhǎnxiāohuì	名		1
960	占据	zhànjù	动	6	4
961	占有率	zhànyǒulǜ	名	6	12 副
962	战争	zhànzhēng	名	5	4 副
963	涨价	zhǎng jià			10 副
964	掌声	zhǎngshēng	名		13 副
965	掌握	zhǎngwò	动	5	9
966	账户	zhànghù	名	5	10
967	召集	zhàojí	动		6
968	照明	zhàomíng	动		2
969	折扣	zhékòu	名		1 副
970	蔗糖	zhètáng	名		5 副
971	针对	zhēnduì	动	5	11 副
972	枕头	zhěntou	名	5	2 副
973	珍贵	zhēnguì	形	6	3 副
974	真实	zhēnshí	形	5	3
975	争论	zhēnglùn	动		13
976	挣钱	zhèng qián		5	10
977	睁	zhēng	动	5	13 副
978	证实	zhèngshí	动	6	6
979	政府	zhèngfǔ	名	5	6
980	支票	zhīpiào	名	5	1 副
981	止痛药	zhǐtòngyào	名		5 副
982	只顾	zhǐgù	副		3
983	指导	zhǐdǎo	动	5	11
984	指挥	zhǐhuī	动	5	9 副
985	指示	zhǐshì	名/动	6	9
986	指责	zhǐzé	动	6	15 副
987	指针	zhǐzhēn	名		9
988	至今	zhìjīn	副	5	4
989	制定	zhìdìng	动	5	11 副
990	制度	zhìdù	名	5	6 副
991	制作	zhìzuò	动	5	5
992	智慧	zhìhuì	名	5	2
993	智力	zhìlì	名	6	3
994	智能化	zhìnénghuà	动		9
995	痣	zhì	名		8 副
996	中西合璧	zhōngxī hébì			4
997	中旬	zhōngxún	名	5	7 副
998	忠告	zhōnggào	名/动	5	10
999	终端	zhōngduān	名		14
1000	肿	zhǒng	动		3
1001	重复	chóngfù	动	5	14 副
1002	周转	zhōuzhuǎn	动	6	10 副
1003	株	zhū	量	6	5
1004	竹	zhú	名		6 副
1005	逐步	zhúbù	副	5	12 副
1006	主持	zhǔchí	动	5	9 副
1007	主观	zhǔguān	形	5	10
1008	主人公	zhǔréngōng	名		13 副
1009	主题	zhǔtí	名	6	12
1010	主张	zhǔzhāng	动	5	11 副
1011	煮	zhǔ	动	5	2 副
1012	住宅	zhùzhái	名	6	4
1013	贮藏	zhùcáng	动		7 副

1014	注册	zhùcè	动	5	14		1028	自卑	zìbēi	形	6	11
1015	祝福	zhùfú	动	5	5副		1029	自觉	zìjué	形	5	6
1016	抓	zhuā	动		7		1030	自信	zìxìn	形	5	8副
1017	专利	zhuānlì	名	6	8		1031	自由	zìyóu	形/名	5	11
1018	砖木结构	zhuānmù jiégòu			4		1032	自愿	zìyuàn	动	5	6
1019	转速	zhuànsù	名		9		1033	自主	zìzhǔ	动	6	12
1020	状况	zhuàngkuàng	名	5	6		1034	总算	zǒngsuàn	副	5	10副
1021	状态	zhuàngtài	名	5	5		1035	总体	zǒngtǐ	名		4
1022	幢	zhuàng	量	5	4		1036	综合国力	zōnghé guólì			4副
1023	啄	zhuó	动		6		1037	阻碍	zǔ'ài	动/名	6	3
1024	咨询	zīxún	动	5	10		1038	阻挡	zǔdǎng	动		8副
1025	资格	zīgé	名	5	11副		1039	钻井台	zuànjǐngtái	名		8
1026	资金	zījīn	名	5	1副		1040	嘴唇	zuǐchún	名	6	3
1027	紫	zǐ	形	5	5		1041	罪	zuì	名		15

▶ 专有名词

序号	词语	拼音	课号
		B	
1	八达岭	Bādálǐng	9 副
2	北京奥运会	Běijīng Àoyùnhuì	12
3	奔驰	Bēnchí	10 副
4	宾夕法尼亚州	Bīnxīfǎníyà Zhōu	8
5	布朗	Bùlǎng	6
		C	
6	《财富》	Cáifù	14 副
7	慈禧太后	Cíxǐ tàihòu	8
		D	
8	杜兰	Dùlán	9 副
		G	
9	格雷厄姆	Géléi'èmǔ	10
10	广东	Guǎngdōng	13
11	广西	Guǎngxī	13
12	国务院	Guówùyuàn	6 副
		H	
13	杭州湾	Hángzhōu Wān	4 副
14	何丽娜	Hé Lìnà	11
15	河北	Héběi	7 副
16	华尔街	Huá'ěr Jiē	10
		J	
17	加利福尼利	Jiālìfúníyà	14 副
18	嘉兴	Jiāxīng	4 副
19	江南	Jiāngnán	4
20	江西	Jiāngxī	12
21	《金融时报》	Jīnróng Shíbào	14
		K	
22	凯琳	Kǎilín	3 副
23	可口可乐	Kěkǒukělè	13

229

		L	
24	莱阳	Láiyáng	8
25	丽贝卡·霍斯金	Lìbèikǎ Huòsījīn	6
26	脸书	Liǎnshū	14
27	卢沟桥	Lúgōu Qiáo	4 副
28	绿色和平组织	Lǜsè Hépíng Zǔzhī	6
		M	
29	每日电讯报	Měirì Diànxùnbào	8 副
30	美国专利局	Měiguó Zhuānlìjú	8
31	摩托罗拉	Mótuōluólā	12 副
32	莫德博里	Mòdébólǐ	6
		N	
33	宁波	Níngbō	4 副
34	诺基亚	Nuòjīyà	12 副
		O	
35	欧盟	Ōuméng	12 副
36	切森堡	Qièsēnbǎo	8
37	清朝	Qīngcháo	8
38	全球移动通信系统协会	Quánqiú Yídòng TōngxìnXìtǒng Xiéhuì	12 副
		S	
39	三星	Sānxīng	12 副
40	山东	Shāndōng	8
41	时《代》	Shídài	14 副
42	史蒂夫·乔布斯	Shǐdìfū Qiáobùsī	14 副
43	斯坦福大学	Sītǎnfú Dàxué	14 副
44	苏菲	Sūfēi	4
		T	
45	唐山	Tángshān	9 副
46	推特	Tuītè	14
47	托蒂	Tuōdì	3 副
		W	
48	《玩具总动员》	Wánjù Zǒngdòngyuán	14 副
49	王大成	Wáng Dàchéng	11 副
50	汶川	Wènchuān	12
51	《我和你》	Wǒ Hé Nǐ	12

52	沃尔玛	Wò'ěrmǎ	1
53	沃兹尼亚克	Wòzīníyàkè	14 副
54	吴淞	Wúsōng	9 副
55	武汉	Wǔhàn	4 副
		X	
56	夏威夷	Xiàwēiyí	6
57	限塑令	Xiànsùlìng	6 副
58	新大陆	Xīn Dàlù	3 副
59	新华社	Xīnhuá Shè	12
60	新天地	Xīntiāndì	4
61	新西兰	Xīnxīlán	3 副
62	星巴克	Xīngbākè	14
63	胥各庄	Xūgèzhuāng	9 副
64	宣武门	Xuānwǔ Mén	9 副
		Y	
65	耶鲁大学	Yēlǔ Dàxué	9 副
66	英国广播公司	Yīngguó Guǎngbō Gōngsī	6
		Z	
67	闸北区	Zháběi Qū	8
68	詹天佑	Zhān Tiānyòu	9 副
69	张家口	Zhāngjiākǒu	9 副
70	赵州桥	Zhàozhōu Qiáo	4 副
71	《证券分析》	Zhèngquàn Fēnxī	10
72	中国联通	Zhōngguó Liántōng	12
73	中国移动	Zhōngguóyídòng	12